硬核健身

海豹突击队型男训练手册

陈丽莎◎译

北京体育大学出版社

策划编辑：姜艳艳
责任编辑：姜艳艳
责任校对：任 侠 韩培付
封面设计：异一设计
版式设计：张文艺

图书在版编目（CIP）数据

硬核健身：海豹突击队型男训练手册 / 陈丽莎译
. —— 北京：北京体育大学出版社，2023.3
ISBN 978-7-5644-3729-9

Ⅰ.①硬… Ⅱ.①陈… Ⅲ.①男性—体能—身体训练
—手册 Ⅳ.① G808.14-62

中国版本图书馆 CIP 数据核字（2022）第 151755 号

硬核健身：海豹突击队型男训练手册 　　　　　　陈丽莎 译
YINGHE JIANSHEN: HAIBAO TUJIDUI XINGNAN XUNLIAN SHOUCE

出版发行：北京体育大学出版社
地　　址：北京海淀区农大南路 1 号院 2 号楼 2 层办公 B-212
邮　　编：100084
网　　址：http://cbs.bsu.edu.cn
发 行 部：010-62989320
邮 购 部：北京体育大学出版社读者服务部 010-62989432
印　　刷：天津旭非印刷有限公司
开　　本：880mm×1230mm　1/32
成品尺寸：145mm×210mm
印　　张：5.75
字　　数：129 千字
版　　次：2023 年 3 月第 1 版
印　　次：2023 年 3 月第 1 次印刷
定　　价：49.00 元

前言

P R E F A C E

市面上有很多书籍、音像制品、网站等，都致力于帮助大众了解身体体能训练及其所需的营养。然而，我们的目标在于提供一套全面的资料来满足特殊体能要求和营养需要。我们希望本书提供的体能计划和营养信息能够帮助你进行最有效的锻炼，使你达到专业的军队成员标准，达到个人体能的最佳状态。

根据规定，每个美国海豹突击队队员都应该做到：

1. 保持一种最大限度地促进身体健康和提高行动预备力的生活方式；
2. 培养一个全年有规律的健身项目，内容包括有氧锻炼、灵活性锻炼、肌肉力量和肌耐力锻炼等。

本书旨在帮助你通过合理的饮食和锻炼，达到或保持一种高标准的身体健康状态。本书对基本营养和体能训练设置（包括有氧条件和力量训练）进行了概述，同时，还为不同体能水平的人设计了不同的锻炼课程。对于海军工作来说，部署是极其重要的一部分，因此当需要部署时，为保持身体行动力而摄入必要的营养和进行锻炼就至关重要，其重要性在第 10 章和第 12 章中有具体论述。

在此，我们鼓励你使用本书，并且希望第 15 章给出的建议能帮助你养成健康的饮食习惯，进行有规律的锻炼。

安妮塔·辛格博士
（Dr. Anita Singh），注册营养师

塔玛拉·L.班尼特
（Tamara L. Bennett），理学硕士，
美国运动医学会注册健康指导师

帕特里夏·A.迪厄斯特博士
（Dr. Patricia A. Deuster），公共卫生学硕士

美国军队急救医学部
（Department of Military and Emergency Medicine）

美国第一军医大学
（Uniformed Services University of the Health Sciences）

F.爱德华·赫伯特医学院
（F. Edward Hebert School of Medicine）

目录
C O N T E N T S

能量平衡与身体结构

在本章中，你将学到：

1. 能量平衡；

2. 评估身体能量需求；

3. 身体结构及脂肪分布。

通过合理的饮食和锻炼来保持健康的体重和身体脂肪含量，能够帮助人们达到最理想的健康状态，确保人们进行最合理的日常活动。在军队中，如果想让士兵时刻保持战事预备力，保证对部队士兵健康的全面保护，并努力使每位士兵都达到最理想的健康状态，我们就必须考虑上述相关问题。本章将向你介绍能量平衡与身体结构的基本概念。

1.1 能量平衡

能量平衡是指你所摄入的卡路里量与消耗的卡路里量之间的差值关系。

下图是日常活动中的能量平衡情况。

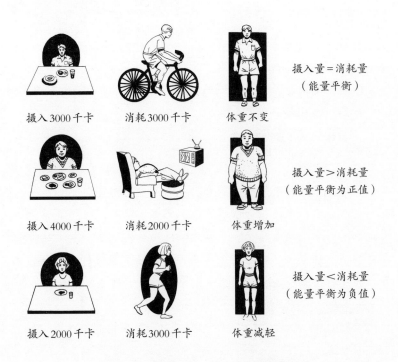

图 1–1　能量平衡：摄入量与消耗量

能量平衡具有可调节性。如例 1 和例 2 所示，能量平衡会随着能量摄取量和消耗量的变化而变化。（注：1 千克脂肪所含的热量约为 7800 千卡。）

例1：

若一个人每天多吃一块巧克力饼干（65千卡），坚持一年，那么一年的总卡路里是65（千卡/天）×365（天）=23 725（千卡）。也就是说，体重会在年底净增加约3千克（23 725÷7 800 ≈ 3千克）。

例2：

如果保持每日摄入量不变，坚持每天多跑1.6千米，每周跑5天。根据计算，62.5（千卡/千米）×8（千米/周）×52（周）=26 000（千卡），每年就会多消耗26 000千卡的热量。也就是说，你的体重在年底会净减少约3.3千克（26 000÷7 800 ≈ 3.3千克）。

1.2 评估身体能量需求

身体对能量的需求取决于身体对能量的日常消耗。每天主要的身体能量消耗分为三部分（图1-2）。

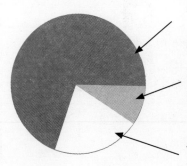

基础代谢率（BMR）：这是维持生命的必需能量。请用工作记录表1-1来评估你的基础代谢率。

消化吸收：消化食物会消耗身体的一小部分能量。此部分已被包含在工作记录表1-1的BMR等式中。

体力活动：运动过程也需要消耗能量。通过表1-1可以计算出活动系数。

图1-2　每天主要的身体能量消耗

工作记录表 1-1　计算基础代谢率

性别	年龄（岁）	等式
男性	18~30	15.3 × 体重（千克）+679
	30~60	11.6 × 体重（千克）+879
女性	18~30	14.7 × 体重（千克）+496
	30~60	8.7 × 体重（千克）+829
你的基础代谢率（BMR）=＿＿＿＿＿＿＿ 千卡 / 天		

表 1-1　估测你的活动系数

活动强度	活动内容	活动系数
很轻	包括站立、坐、开车、打牌、使用电脑工作	1.2
轻	走路、帆船运动、打保龄球、轻度拉伸运动、打高尔夫、做木工、打台球	1.4
适中	慢跑、有氧舞蹈、适度游泳、骑单车、健美操、负重	1.6
强度较大	健身、滑雪、使用球拍的运动、跑步、足球、篮球、障碍训练、挖掘、负重走上坡路、划船	1.9
强度特别大	参加跑步竞赛或游泳竞赛、骑车上坡、高强度划船、超负荷运动	2.3
你的活动系数为 ＿＿＿＿＿＿＿		

　　每日所需能量总估值（EER）是指为了抵消新陈代谢和身体活动所消耗的热量并保持热量收支平衡，你每日需要摄取的热量总数值。你用工作记录表1–2来计算自己的EER数值。

工作记录表 1–2　计算能量总估值

能量需求 =＿＿＿＿＿＿＿＿＿＿＿　×　＿＿＿＿＿＿＿＿＿＿＿

　　　　　　　＊基础代谢率（BMR）　　　　＊活动系数

你的能量总估值（EER） =＿＿＿＿＿＿＿＿＿＿＿ **千卡 / 天**

注：你可以根据工作记录表1–1计算出你的基础代谢率。请参考表1–1查询你的
　　活动系数。一般情况下，19~50岁进行适度运动的男性所需的日能量总估值
　　为2 900千卡 / 天，同等状态下的女性所需的日能量总估值为2 200千卡 / 天。

　　为了保证每日摄入的能量符合能量总估值，你应该争取让摄入和消耗的能量达到平衡状态，并且保持当前的体重。如果你的目标是增加或减轻体重，你只需稍稍调整一下热量摄取量，并制订一个全面的锻炼计划。健康的增重或减肥目标是每周增加或减少0.25~0.45千克的体重。

　　如果你还想咨询一些有关体重控制以及身体热量需求的具体问题，可以向营养专家、身体健康指导师或医生寻求帮助。有关健康饮食的内容，详见第3章相关内容。

1.3 体重指数

体重指数（BMI）测量有助于你了解自己的身体结构。根据工作记录表1-3来计算你的体重指数，并将得出的数值与标准等级进行比较。

为了更好地鉴别有超重或过度肥胖危险的人群，我们对体重指数的等级划分做出了适当的调整。然而，体重指数也可能将一些体型较大或肌肉发达的人群评判为超重。这个指数仅仅表示一个比率，并不能完全准确地反映身体脂肪含量。如果你认为你的体重指数将你归入不准确的等级里，最好让专业人员来帮助你完成此项测量。测量身体脂肪含量的技术有很多，包括静水力学（水下活动）方法、皮肤褶测量、圆周测量（海军的测量方法）等。

工作记录表 1-3　计算你的体重指数

你的体重指数 =_____ ÷ (_____)^2 =_____

　　　　　　　　体重（千克）　　身高（米）　　比率

比率	等级
< 20	体重过轻
20~25	正常范围
25~30	超重
> 30	过度肥胖

1.4 脂肪分布

除了体重指数以外，了解自己的腰围与臀围比率（WHR，简称腰臀围比率）也对健康很有帮助。这个比率测定的是身体脂肪分布的模式，即哪个部位的脂肪最多。

计算腰臀围比率的公式如工作记录表1-4所示。

工作记录表 1-4　计算你的腰臀围比率

你的腰臀围比率 = _____ ÷ _____ = _____
　　　　　　　　　腰围（厘米）　　　　臀围（厘米）　　　　比率

如果你测出的比率数值大于标准数值，那么就表示你的身体躯干部分可能堆积了很多脂肪，你有过度肥胖的趋势。这类人群患心脏病和糖尿病的概率比一般人要高。腰臀围比率标准如图1-3所示。

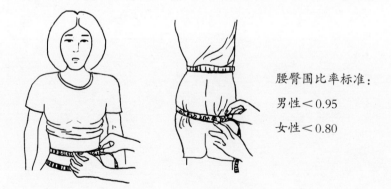

腰臀围比率标准：
男性 < 0.95
女性 < 0.80

图 1-3　腰臀围比率标准

在下面的章节里，你将学习合理的营养训练和增强运动机能的方法。重要的是，你会了解到，合理的营养摄取结合均衡的训练计划将如何有效地帮助你获得健康，保持优秀的身体表现力和行动力，并使你获得全面锻炼的效果。

营养概况

在本章中，你将学到：

1. 身体中不同的营养成分及其各自的功效；

2. 包含所有营养成分的各种食物；

3. 身体所含水分的重要性与分配情况。

营养成分可分为六大类：碳水化合物（CHO）、蛋白质、脂肪、维生素、矿物质和水。碳水化合物、蛋白质和脂肪是提供能量的营养成分，而维生素、矿物质是能量代谢所需的营养成分。水在身体中所含的营养成分中是最充足的，它为所有身体器官提供正常活动所需的养分。我们将在本章详细讨论这六种营养成分。

2.1 提供能量的营养成分

图2-1为人体每日摄取碳水化合物、蛋白质和脂肪的热量分配最佳比例。该比例最有利于身体健康和体能发展。

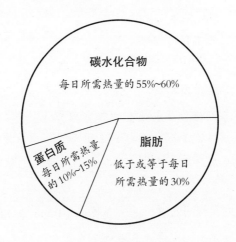

图 2-1 人体每日摄取碳水化合物、蛋白质和脂肪的热量分配最佳比例

2.1.1 碳水化合物

谷物、水果、蔬菜含有丰富的碳水化合物，它们是健康饮食的主要能量来源。碳水化合物以葡萄糖的形式（以糖原的形式储存）为身体提供能量，就像为身体产生的化学物质"添砖加瓦"，它也能用于修复身体损伤的组织。遗憾的是，很多人认为碳水化合物是不利于健康的，并认为摄取碳水化合物会导致肥胖。这种观点之所以产生，主要是因为人们往含淀粉的食物中加入了高脂肪的配料和酱料。

碳水化合物可分为以下两类：

1. 单糖类或双糖类碳水化合物

该类碳水化合物由一个或两个糖分子组合而成。该类碳水化合物包括葡萄糖、蔗糖、果糖、蜂蜜、牛奶中的乳糖、槭树汁和糖浆。这类碳水化合物常被添入加工的食品中，为人们提供额外的热量。

2. 复合多糖碳水化合物

该类碳水化合物由三个或三个以上的糖分子组合而成，在消化过程中被分解成单糖或双糖后才会被人体吸收。该类碳水化合物包括谷物、水果、蔬菜和豆类（豌豆、大豆等）。含淀粉的食物（易消化）以及膳食纤维（不易消化）都以复合多糖碳水化合物的形式存在。尽管膳食纤维并不提供任何热量，但是出于健康考虑，成人每日应摄取20~35克的纤维食品。同样，人们也可以吃更多的水果、蔬菜和谷物来达到相同的效果（见本书表3-1、表3-2及附录A）。

碳水化合物提供的能量

1克碳水化合物提供4千卡热量；

碳水化合物提供的热量应占每日所需热量的55%~60%。

例如，一份提供2000千卡热量的饮食中，碳水化合物提供的热量至少应达到2000×55%=1100（千卡）。再将碳水化合物的热量值除以4，我们得到的碳水化合物的质量为1100（千卡）÷4（千卡/克）=275（克）。

利用工作记录表2-1可以计算出你日常需要的碳水化合物。

工作记录表 2-1　计算你日常需要的碳水化合物

每日从碳水化合物中摄取的热量

_____ × 0.55= _____ 千卡

你的能量总估值

（见工作记录表 1-2）

每日碳水化合物的摄取量

_____ ÷ 4 千卡 / 克 = _____ 克

每日从碳水化合物中摄取的热量

2.1.2 蛋白质

肉类、鱼类、家禽、奶制品、大豆和谷物中都含有蛋白质。蛋白质的作用在于能帮助人体构成肌肉、毛发、指甲、皮肤，并提供能量，修复损伤的组织，通过身体运输营养物质，收缩肌肉等。

蛋白质提供的能量

1 克蛋白质可提供 4 千卡的热量（同碳水化合物）；
蛋白质提供的热量应占每天所需热量的 10% ~15%。

身体所需的蛋白质量是由年龄、体重及活动强度决定的。大多数人每天摄取的蛋白质量为 100~200 克，已经超过了身体实际需要的量。很多人吃高蛋白的食物，仅仅是因为他们认为蛋白质能使自己变得"更强壮"。事实上，摄入过量的蛋白质所产生的额外热量，能够被身体转化为脂肪并储存起来。人体摄取的高蛋白同时也会增加身体的水分需求，如果这种需求得不到满足，就可能出现脱水状况（见本章"脱水"部分及第12章相关内容）。

表 2-1　测量你的蛋白质系数

每千克体重所需蛋白质的质量（克）	
活动强度	蛋白质系数
轻度训练	0.5 克
耐力训练	0.6~0.8 克
强度训练	0.6~0.8 克
你的蛋白质系数是 _____	

根据表2-1中得出的蛋白质系数，计算你每天的蛋白质需求量，见工作记录表2-2。

工作记录表 2-2　计算你的蛋白质需求量

_____ × _____ = _____ 克 / 日
　体重（千克）　　蛋白质系数

2.1.3 脂肪

尽管人们对脂肪有一定的负面评价，但脂肪是饮食中不可或缺的部分。脂肪是人体储存能量的一种主要形式，它能维持体温，保护身体器官，传送营养物质，使人产生饱腹感，还能使食物食之有味。然而，并不是所有的脂肪都有这些作用。食物本身所含的三种脂肪（图2-2）包括饱和脂肪酸、单元不饱和脂肪酸、多元不饱和脂肪酸；还有一种脂肪叫反式脂肪，是在食物加工过程中形成的。

1. 饱和脂肪酸

室温下为固态，最先被发现于动物性油脂中，如红肉、荤油、黄油、带皮家禽、全脂奶制品等；棕榈、棕榈仁和椰树等热带植物提炼出的油，也含有大量的饱和脂肪酸。

2. 单元不饱和脂肪酸

室温下为液态，存在于橄榄油、蓖麻和花生中。

3. 多元不饱和脂肪酸

室温下为液态，存在于鱼类、谷类、小麦、坚果、种子和蔬菜油中。

在你每日摄取的热量中，这三类脂肪酸中任意一种提供的热量应不多于10%。因此，脂肪摄取总量应不超过你每日摄取热量的30%。

4. 反式脂肪

产生于食物加工过程中。目前而言，食品供应商并未在食品标签上注明食品所含的反式脂肪含量，但是，如果食品配料中有"氢化油"成分，那就意味着该食品含有反式脂肪。你吃越多的加工食品，就会摄入越多的反式脂肪。反式脂肪可能会增加血液中的胆固醇含量。

单元不饱和脂肪酸
（蓖麻、橄榄油、花生）

饱和脂肪酸
（动物性油脂、热带植物油）

多元不饱和脂肪酸
（玉米、红花油）

图2-2　食物本身所含的三种脂肪

高脂肪饮食会引发多种疾病，包括心脏病、癌症、肥胖症和糖尿病。一般而言，保持高脂肪饮食习惯人群的体重比坚持高碳水化合物、低脂肪饮食人群的体重要重得多。但从另一方面来讲，完全不摄入脂肪也是十分有害健康的，因为脂肪是人体不可或缺的营养成分。

脂肪提供的能量

1克脂肪可提供9千卡热量，比同等质量的碳水化合物提供的热量多1倍；脂肪提供的热量不应超过每日摄取热量的30%。

例如：一份含2000千卡热量的饮食中，脂肪提供的热量不应超过2000×30%=600（千卡）。将热量单位转化为质量，即用卡路里数除以9，在此例中为600（千卡）÷9（千卡/克）≈67（克）。

工作记录表 2-3　计算你的最大脂肪摄入量

每天摄入的脂肪热量

_____ × 30%=_____（千卡）

你的能量总估值

（见工作记录表 1-2）

每天摄入的脂肪质量

_____（千卡）÷ 9（千卡 / 克）=_____（克）

每天摄入的脂肪热量

2.1.4 胆固醇

胆固醇主要是由肝脏合成产生的，它是组织细胞不可缺少的重要物质。它能为人体合成激素（如睾丸激素和雌性激素），也能用来消化脂肪。人们还可以通过食用畜产品来获取胆固醇，但摄入过多的胆固醇和饱和脂肪酸会增加患心脏疾病的风险。

美国心脏协会建议，人体每日摄入的胆固醇不应超过300毫克。例如，红肉和蛋黄含有丰富的胆固醇，食用时应适量。

2.2 维生素和矿物质

维生素和矿物质并不提供热量，但是，两者都能加快碳水化合物、蛋白质和脂肪释放热量。表2-2、表2-3列出了各种维生素及矿物质的重要功能。

2.2.1 维生素

维生素分为脂溶性维生素和水溶性维生素两类。

1. 脂溶性维生素

溶于脂肪中，在食物中与脂类共同存在，可以储存在身体里。该类维生素包括维生素A、D、E、K。

2. 水溶性维生素

不存在于身体里，多余的水溶性维生素会随尿液排出体外。该类维生素包括维生素B、C。

2.2.2 矿物质

根据密度及其在人体内的不同作用，矿物质可分为以下几类。

1. 常量元素

在人体内所占比例大于0.01%，如钙、镁等。

2. 微量元素

在人体内所占比例大大少于常量元素，如锌、铜、铁等。

2.2.3 每日膳食许可量

表2-2和表2-3列出的每日膳食许可量（RDA）和每日膳食摄入参考量（DRI），指的是为了维持每日必需的活动，一个健康的人每天应摄入的维生素和矿物质的量。你可以吃多种食物，以此满足身体对维生素和矿物质的需求。但是，如果你选择服用补充维生素和矿物质的营养品，你补充的只会是膳食许可量或膳食摄入参考量中

的微量元素部分（见第14章）。人体摄入的微量元素若超过了膳食许可量的标准范围，可能会导致中毒，也可能会导致其他微量元素的缺乏。

2.2.4 饮食中的维生素和矿物质

没有哪种食物包含所有的维生素和矿物质，所以，为了摄入尽可能多的维生素和矿物质，你需要吃不同种类的食物。

食物的烹饪、药物治疗、咖啡因、烟草、酒精摄入和精神压力等，都会影响人体内存在的营养物质。例如，吃饭时喝咖啡或喝茶，可能会减少铁元素的摄入；使用抗生素，可能会增加人体对维生素B的需求。

以下是在烹饪时尽可能减少维生素和矿物质流失的小贴士。

（1）烹饪时，应使用足量的水来防止食物烧焦。

（2）在蔬菜新鲜、脆嫩时烹饪。

（3）为了尽可能多地保留食品所含维生素，用蒸或旺火炒的方式烹饪。

（4）在烹饪即将开始前切菜或煮菜，如果不马上烹饪，将蔬菜放入密封容器内储存。

很多食物的营养成分都被列在食品标签上。同时，你也可以向营养学家咨询相关知识。

表 2-2　维生素的重要功能及其食物来源

脂溶性维生素	重要功能	食物来源
维生素 A 视黄醇、类维生素 A、胡萝卜素 800~1000 微克 或 5000 个国际单位	帮助身体组织生长及修复，具有免疫功能，防治夜盲症 胡萝卜素是水溶性维生素，具有抗氧化的特性	燕麦、绿色和黄色的水果蔬菜、动物内脏、牛奶
维生素 D 5~10 微克 或 200~400 个国际单位	负责钙元素的新陈代谢，维持骨骼强壮	强化牛乳、蛋黄、鲑鱼
维生素 E 阿尔法麦胚酚 8~10 毫克	抗氧化，保护细胞薄膜，增强人体免疫功能	强化谷物食品、坚果、麦芽、虾、绿色蔬菜
维生素 K 60~80 微克	加速血块凝结，维持骨骼强壮	绿叶蔬菜
维生素 B$_1$ 硫胺素 1.0~1.5 毫克	人体能量代谢和人体生长发育所必需。支持肌肉、神经和心脏血管的功能运作	强化谷物食品、豆制品、猪肉、坚果、动物内脏、糖浆、酵母
维生素 B$_2$ 核黄素 1.2~1.7 毫克	人体能量代谢、生长发育及组织修复所必需	谷物、动物内脏、牛奶、绿叶蔬菜、坚果、整谷粒

脂溶性维生素	重要功能	食物来源
维生素 B_3 烟酸、烟酰胺 13~19 毫克	人体能量代谢和神经功能所必需	瘦肉、海鲜、牛奶、酵母、丰富的谷物、整谷粒
维生素 B_5 泛酸 4~7 毫克	人体能量代谢和神经功能所必需	豆类、肉类、鱼类、家禽、麦芽、整谷粒
维生素 B_6 吡哆素 2 毫克	碳水化合物及蛋白质代谢所必需。具有免疫功能，能保护红细胞壁，有助于神经功能的运作	燕麦及谷物、香蕉、家禽、动物内脏
叶酸 蝶酰谷氨酸 400 微克	红细胞合成及细胞分裂所必需。孕妇缺少叶酸可能会导致胎儿发育缺陷	强化谷物食品、绿叶蔬菜、动物内脏、小扁豆、豇豆、橙汁
维生素 B_{12} 2 微克	促进红细胞的发育和成熟，有助于增强人体能量代谢及神经功能	碎牛肉、动物内脏、海鲜、牛奶、芝士
维生素 H 30~100 微克	参与人体能量代谢，有助于脂肪酸形成及维生素 B 群的功效发挥	豆类、整谷粒、蛋、动物内脏

续表

脂溶性维生素	重要功能	食物来源
维生素C 抗坏血酸，抗坏血酸盐 60毫克	抗氧化剂，有助于身体组织的生长和修复，增强人体抗感染力，提高人体免疫力	哈密瓜、柑橘类水果、草莓、芦笋、洋白菜、西红柿、花椰菜

注：参考自最新的膳食许可量标准及膳食摄入参考量标准，参考对象为19~50
岁的健康成年人。

国际单位（International unit，IU），是用生物活性来表示某些激素、维生素
及抗生素量的药学单位。

微克，质量单位，符号为 μg（microgram）；1μg=10⁻⁶g。

微克，质量单位，符号为 μg（microgram）；$1\mu g = 10^{-6}g$。

毫克，质量单位，符号为 mg（milligram）；$1mg = 10^{-3}g$。

表2-3 矿物质的重要功能及其食物来源

矿物质	重要功能	食物来源
硼 含量未知	维持骨骼健康	水果、带叶蔬菜、坚果、豆类、豆子
钙 1000~1300毫克	骨骼和牙齿生长发育所必需，参与神经、肌肉的活动和神经递质的传导，肌肉的收缩放松也需要钙元素	酸奶、牛奶、芝士、豆腐、强化果汁、绿叶蔬菜
铬[①] 50~200微克	参与碳水化合物和脂肪的代谢过程，参与肌肉活动，有助于胰岛素功效的发挥	整谷粒、芝士、酵母

续表

矿物质	重要功能	食物来源
铜 ① 1.5~3 毫克	红细胞的发育及成熟、色素沉淀、骨骼健康所必需	坚果、动物内脏、龙虾、燕麦、豆类、果脯
铁 ② 10~15 毫克	红细胞内血红蛋白的产生所必需，骨骼的肌肉中肌红蛋白所必需，参与新陈代谢的酶所必需	动物内脏、蛤蜊、燕麦、谷粉、强化谷物食品、大豆、杏、绿叶蔬菜
镁 280~350 毫克	调节神经肌肉的兴奋性，有助于肌肉活动，作为酶的激活剂	整谷粒、洋蓟、豆子、绿叶蔬菜、鱼类、坚果、水果
锰 ① 2~5 毫克	为骨骼及相关组织生长发育所必需。有助于荷尔蒙的产生，促进细胞功能的发挥	坚果、豆类、整谷粒
磷 800~1200 毫克	为新陈代谢及骨骼发育所必需，参与人体众多生物化学反应	鱼类、牛奶、肉类、家禽、豆类、坚果
钾 ③ 2000 毫克	维持神经肌肉的兴奋性，保持人体液体平衡，维持心肌功能	西葫芦、马铃薯、豆子、新鲜水果（如香蕉、橘子）、新鲜蔬菜（如西红柿）
硒 55~70 微克	抗氧化剂，与维生素 E 共同作用于减少氧化作用对人体组织的损伤	肉类、海鲜、谷类

续表

矿物质	重要功能	食物来源
钠 [4] 500~2400 毫克	维持神经肌肉的兴奋性、肌肉活动、人体液体平衡及酸碱平衡所必需	精制食盐、罐装加工食物
锌 12~15 毫克	参与新陈代谢，增强人体免疫力，促进伤口和创伤的愈合，增加味觉和嗅觉的敏感性	海鲜、牛肉、羊肉、动物内脏、蛋、整谷粒、豆类、花生

注：参考自最新的膳食许可量标准及膳食摄入参考量标准，参考对象为 19~50 岁的健康成年人。

[1] 经判断该日摄入量范围是安全并充足的，能同时满足人体所需的矿物质，又能避免过量食用而出现的毒性情况（食物和营养委员会）。

[2] 在摄入补充铁元素的营养品之前，应先咨询内科医生。

[3] 人体每日至少应摄入 2000 毫克的钾元素。

[4] 人体每日至少应摄入 500 毫克钠元素，或者 1250 毫克食盐。食盐由 40% 钠元素和 60% 氯化物组成。1 茶匙食盐（5 克氯化钠）含有 2 克（2000 毫克）钠元素。

2.3 水

水占人体体重的比例大约为 60%。因此，为了保证日常活动，补充人体每日消耗的水分，每个人每天必须喝足量的水。水能够帮助人体消化并吸收营养物质，排泄体内垃圾，维持血液循环，并保持身体的温度。

工作记录表 2-4　计算每日所需水量

你的体重 =_____ 磅（lbs）

0.5 × _____（体重）÷ 8 盎司 / 杯 =_____ 杯 / 天

注：锻炼、受冷、受热、高海拔都可能增加人体对水的需求，见第 11 章、第 12
章。工作记录表 2-4 为国际运动医学专家发布的饮水量标准，1 磅 ≈ 0.45
千克，1 美制液体盎司 ≈ 29.57 毫升。

2.3.1　保持人体水分平衡

　　人体的水分平衡就像能量平衡，由水分流失量和水分摄入量之
间的比率决定。如果人体出现脱水现象，即人体的水分流失量多于
水分摄入量，水分平衡就为负值。水分通过尿液、粪便、汗液和呼
吸等方式排出体外。当人体的活动强度很低时，人体大部分的水是
通过尿液形式流失的。当活动强度很高或温度很高时，人体大部分
的水是通过汗液排出的。为了保持水分平衡，每个人每天必须摄入
足量的水。

2.3.2　脱水

　　当人体的水分流失量大大超过水分摄入量时，就会出现脱水现
象。可能导致脱水现象的原因包括：

（1）每天喝水很少；

（2）在很热的环境里工作或锻炼（不管此环境是湿润或干燥）；

（3）在很冷的环境里工作或锻炼（不管此环境是湿润或干燥）；

（4）去高海拔的地方；

（5）喝太多酒，或醉后进行训练。

如果你的体重因为体内水分流失而下降了4%，你的判断力、注意力和身体活动都会受到影响。身体流失20%的水则会导致死亡（见表2-4）。

表2-4　脱水症状

人体水分流失量	身体表现
0%	感觉很好
1%	感觉口渴
2%	越来越渴，感觉不舒服
3%	口干，血液量和尿液量下降
4%	感觉不适，身体活动能力下降
5%	感觉昏昏欲睡，头疼，无法集中精神
20%	死亡

工作记录表2-5　计算你的水分流失极限

水分流失导致体重下降2%，此时：

_____ ×0.98=_____ 磅（lbs）
（你的体重）

目标：补充水分，使体重保持在此标准之上！

注：1磅 ≈ 0.45 千克

通过饮食达到
最佳身体状态

在本章中，你将学到：

1. 饮食准则；

2. 食物指导金字塔；

3. 食物标签；

4. 营养密集型食物；

5. 素食主义饮食；

6. 适当安排外出就餐。

你一定听到过这样的话："吃什么样的食物，就是什么样的人。"这是因为，饮食在很大程度上能影响人的行为和感受，并长期影响健康。本章将教你在家中、厨房以及饭店都能用得上的健康饮食的窍门。

3.1 七条饮食准则

美国农业部和美国卫生与人类服务部为2周岁及以上的人群制订了饮食准则。这七条饮食准则为：

（1）吃不同种类的食物；

（2）平衡摄入的食物量与你的活动量——保持或增加你的体重；

（3）选择一个富含谷物制品、蔬菜和水果的食谱；

（4）选择一个含脂肪、饱和脂肪酸且胆固醇少的食谱；

（5）选择一个糖分含量适中的食谱；

（6）选择一个食盐和钠含量少的食谱；

（7）如果你喝含酒精的饮料，饮用请适量。

如果还想多了解一些有关食物选择的指导，见图3-1食物指导金字塔。

3.2 食物指导金字塔

你一定已经注意到了食品标签上的食物指导金字塔。为了提供一个灵活的饮食指导，美国农业部及美国卫生与人类服务部设计了这个金字塔。金字塔的每一部分都分别提供了一个不同种类的食物群，以及建议每天摄入的食物份数。括号中标注的是每个食物群中提供基础能量的营养物质（见第2章）。食物指导金字塔见图3-1。

图3-1　食物指导金字塔

　　尽管人们能在大部分食品标签上看到上述食物指导金字塔，但是，很多人并不知道如何使用上面的信息。最常见的问题就是，一份的分量究竟有多少，以及人们应该吃多少份。人们通常判断的一份的分量总是比标准分量多，因此，摄入的热量也比预期的要多。表3-1列出了每种食物组一份的大致分量。另外，为了满足人体每日所需的各方面的总热量，表3-2列出了人们需要从每个食物组摄取的份数。根据工作记录表1-2得出的能量总估值，看看你需要从每个食物组中摄入多少分量的食物。

表 3–1　一份食物的分量大小

食物组	分量大小
面包、谷物、大米、意大利面食	1 片面包，半杯煮熟的米饭或面条，30 克早餐谷粒，半个圈状硬面包
蔬菜	1 杯带叶蔬菜，半杯生或熟的蔬菜，3/4 杯蔬菜汁
水果	1 个中等大小的水果，半杯罐头水果，3/4 杯鲜榨果汁，1/4 杯果脯
牛奶、酸奶及芝士	1 杯牛奶或酸奶，60 克芝士
肉类、家禽、鱼类、干大豆、蛋、坚果	90 克瘦肉、家禽、鱼类，1 个鸡蛋，2 大调羹花生酱，半杯煮熟的大豆
脂肪、油脂、糖类	1 茶匙油，1 小团黄油，1 大调羹沙拉酱或酸奶油

表 3–2　根据人体每日摄入热量建议的食物份数

每日总热量	每个食物组的份数					
	面包	蔬菜	水果	肉类	牛奶	脂肪质量（单位：克）
1400	6	4	3	2	2	< 47
1600	7	5	4	2	2	≤ 53
1800	8	5	4	2	3	≤ 60
2000	10	5	4	2	3	≤ 67
2200	11	5	4	3	3	≤ 73
2400	12	6	5	3	3	≤ 80
3000	15	6	6	3	3	≤ 100

你可能听说过，美国有一个全民竞赛，竞赛的目的是鼓励美国人每天多吃水果、蔬菜。这个竞赛有一个官方名称——"5A的一天"。它的目的是鼓励人们每天至少吃5份水果、蔬菜。遵照这项活动，可以增加你每天从食物中摄取的维生素和矿物质，减少患心脏病、癌症和消化疾病的概率，帮助你控制体内的胆固醇含量，防止便秘，还能帮助你平衡体脂率。另外，很多水果、蔬菜都含有抗氧化剂（见词汇表），以及其他对身体有益的营养物质。附录A提供了一些建议，指导你如何在饮食中加入更多的水果、蔬菜。

3.3 食物标签

为了更全面地理解并运用食物指导金字塔所提供的信息，你首先应学会如何解读食品上的营养标签。表3-3为你提供了一个食物标签的例子。

3.4 选择营养密集型食物

富含营养物质最多、热量最少的食物，被称作营养密集型食物。相信你已经对热量及所有营养物质的重要性有所了解，那么，你能挑选出那些能提供许多营养物质但不会提供太多热量的食物吗？

表3-3　如何解读食物标签

分量大小反映的是多数人食用该食物时的常见分量 →

营养成分	
分量大小	240毫升（8液量盎司）
每罐份数	8

每份含量	
100千卡	来自脂肪的热量20千卡

	% 每日摄取量 *
脂肪总含量 2.5克	4%
饱和脂肪酸 1.5克	8%
胆固醇 10毫克	3%
钠 130毫克	5%
碳水化合物总含量 12克	4%
膳食纤维 0克	0%
糖分 11克	
蛋白质 8克	

维生素 A	10%
维生素 C	4%
钙	30%
铁	0%
维生素 D	25%

*每日摄取量是以2000千卡热量的饮食为基础计算得出的数值。你的每日摄入量会根据你的热量需求发生变化

热量		2000	2500
脂肪总量	应少于	65 克	80 克
饱和脂肪酸	应少于	20 克	25 克
胆固醇	应少于	300 毫克	300 毫克
钠	应少于	2400 毫克	2400 毫克
碳水化合物总量		300 克	375 克
膳食纤维		25 克	30 克

这一列数值指的是每份食物中所含的营养物质

配料表按各成分在食物中的含量多少降序排列

每日摄取量是以2 000千卡热量的饮食为基础得出的数值。用此表中列出的数值类推其他食物中所含营养物质的多少

每日建议摄取的维生素和矿物质百分比，是指能满足人体需求的食物单位分量所能提供的部分

配料：低脂牛奶，棕榈酸，维生素A，维生素D[13]

让我们把这个过程看作购物时的讨价还价。如果你只有10美元，又需要买一些化妆品，你会尽可能花最少的钱把东西买齐。这个道理同样适用于你需要摄入的热量问题。

例如，我们来比较一下脱脂牛奶和全脂牛奶所含的营养成分。

	脱脂牛奶	全脂牛奶	
总热量	85	157	
碳水化合物（克）	12	11	
蛋白质（克）	8	8	
脂肪（克）	0	9	
钙（毫克）	303	290	

脱脂牛奶和全脂牛奶含有基本相同分量的蛋白质、碳水化合物、钙；但是，脱脂牛奶所含的总热量及脂肪比全脂牛奶少。

因此，如果你要摄入与1杯全脂牛奶等同的热量，你可以喝2杯脱脂牛奶。

选择营养密集型食物的目标并不是减少脂肪的摄入，而是在保证食物富含人体必需的营养物质的基础上，不摄入过多的热量。

3.5 素食主义饮食

近年来，素食主义渐渐变得流行起来。原因之一就在于，保持素食的饮食习惯能够减少罹患心脏疾病、高血压、糖尿病等病症的概率。素食主义的饮食习惯有很多种，它们之间的相似点是：素食主义者把饮食的重心放在谷物、蔬菜、水果、大豆和坚果等食物上，主要依靠上述食物来获取人体所需的营养物质。在决定尝试素食之前，人们最关注的一个问题就在于，素食主义的饮食习惯能否满足人体所需的维生素、矿物质和蛋白质的标准。如果素食饮食的范围能够涵盖食物指导金字塔里的所有食物组，那么这种需求是能被满足的。肉类、鱼类、家禽可以由豆类、坚果、种子及其他肉类替代品来代替。坚决不吃动物制品的素食主义者可能需要额外食用富含维生素 B_{12} 及钙元素的营养品。

3.6 外出就餐

很多时候，你可能需要外出就餐，这时，遵守饮食准则对你的健康和体能的最优发展有着非常重要的作用。

据统计，美国人平均每天有一餐是在外面吃的。

外出就餐有以下几个注意事项。

（1）点餐时，记得点碳水化合物含量高的食物（见第2章）。

（2）选择烘烤、烧烤、蒸炖、熏制、烧制的食物或意大利烹饪所用的调味汁。

（3）点辅佐的调味汁和调料。

（4）把肉类上所有能用肉眼看见的脂肪剔除。

（5）点一份沙拉作为开胃菜。

（6）在吃完主食后依然感觉很饿的时候，点一份甜点。

（7）控制饮酒量。

（8）尽量不吃油炸食品、裹有面包屑烹制的食品、用鸡蛋等调制的面糊，以及薄脆的、涂有奶油的、裹有面包屑焦层的膨化食品。尽量不点蛋黄奶油酸辣酱和蛋黄酱。

（9）很多饭店，甚至是快餐店，都会列出他们所有食物所含的营养成分。

3.7 点心

很多人认为吃点心不健康，而且会导致体重增加。这是因为人们从来不吃健康的点心！如果你很喜欢吃点心，又想保持体重、保证良好的身体素质，选择健康的点心就非常重要。想想你最平常的一天吧。你一般多久吃一次点心？在哪里吃？你的点心是有利健康的，还是富含额外的热量？下面的贴士能帮助你健康地吃点心（不过，点心不能当饭吃）。

（1）选择水果、蔬菜、爆米花、果脯、谷粒薄脆、椒盐脆饼干、谷物零食组合、不加糖的鲜榨果汁、新鲜食物、低脂酸奶等作为点心。

（2）选择新鲜水果或蔬菜，再加一点低脂花生酱或低脂奶酪。

（3）如果你非要吃糖，尽量选择碳水化合物含量高、脂肪含量低的糖类。

很多人为了降低自身摄入的脂肪总量，总会用低脂食物来代替高脂肪的点心。但是，别掉以轻心，即使是低脂点心也会使人增加体重；当人们摄入太多的热量时，低脂点心也有利于增加身体的脂肪含量。记住：低脂并不代表低热量，所以千万不要吃太多！

3.8 生活中的营养

本章讨论的饮食准则适用于任何人。为了保证身体健康，当你的能量需求改变时（如身体活动强度的变化、怀孕、母乳喂养等），你要适当调整饮食。每个人都应该根据自己的能量总估值，从每个食物组里选择适当的食物和适当的分量，作为自己的饮食标准。即使你不做饭，而是在餐厅吃饭，你也能自行选择健康的食物（见附录A）。当你在餐厅吃饭时，不要把高脂肪食物列入你的菜单。

身体健康概述

在本章中，你将学到：

1. 身体健康的定义；

2. 身体健康的好处及其与战事预备力的关系；

3. FITT 原则；

4. 身体活动金字塔；

5. 锻炼中消耗的能量；

6. 锻炼顺序；

7. 锻炼和反锻炼。

　　在军队里，身体健康十分重要；唯有士兵身体健康，才能保持军队的警觉性，提高士兵的免疫力。海军军队里的很多工作都要求士兵能够处理重型装备，迅速适应苛刻的环境，在短时间内快速完成工作等。通过针对这些情景的训练，便能确保在任何紧急情况下，你的身体素质允许你重复进行这些作业。也就是说，这些训练可以让你的身体达到最佳健康水平。

"健康，是指一个人与他所处的自然环境和社会环境达成一种和谐的状态。它有两个基本目标：健康和表现（两者是连续统一的）。军队对身体健康的要求有一个基本水准，即军队所有士兵的综合健康水平；还有一个较高水准，即军事活动所需的身体素质。除此之外，军队必须强调，士兵需要持续地进行训练，以达到某些特殊任务对士兵的体能要求。"

4.1 身体健康是什么

身体健康是什么？美国运动医学会（ACSM）对身体健康下了定义：身体健康是与你进行身体活动能力有关的一系列特征（即你的心肺功能、肌肉强度及忍耐力、关节灵活度等）。规律的身体活动有助于身体健康，也能提供其他生理、心理和美容上的帮助。根据个人目标及工作需求，身体活动的标准可分为有助健康且有针对性型、基础型、绩效相关型。（表4-1）

表4-1　身体活动标准划分

有助健康且有针对性型	基础型	绩效相关型
缓解压力，加快新陈代谢，促进健康，防止疾病	1. 有助于肌肉和心肺健康，有助于打造健康身材，增加灵活性 2. 很多海军士兵都可被归入此列	1. 增强特殊身体机能 2. 对身体素质有相关要求的海军士兵以及参加体育项目竞赛的运动员属于此列

4.2 FITT 原则

所有促进身体健康的活动都有四个基本组成部分。它们分别是锻炼的频率（Frequency）、锻炼的强度（Imtensity）、锻炼时间（Time）、活动类型（Type）。图4-1身体活动金字塔将这四部分概括为FITT原则。

FITT= 频率、强度、时间、类型

就如食物指导金字塔（见第3章图3-1）列出的营养物质指南一样，图4-1的身体活动金字塔也为读者提供了身体活动指南。设计这个身体活动金字塔的目的，在于帮助人们选择一种积极的生活方式，享受有规律的锻炼所带来的健康及行为表现上的优势，减少因不活动而产生的健康隐患，同时也减少因过度活动而产生的受伤隐患。

图4-1中的四层标准是根据它们各自的FITT原则建议划分的。人们应该多做一些身体活动金字塔基层的活动，少做一些身体活动金字塔最高层的活动。

第一层活动包括：打扫房子、步行上班、上下楼梯。

第二层活动包括：有氧运动、活动性运动和娱乐。

第三层活动包括：柔韧性锻炼、肌肉健身锻炼。

第四层活动包括：不活动，如久坐、看电视。

如果你想达到最好的健康水平，开始每天做第一层到第三层的活动吧。

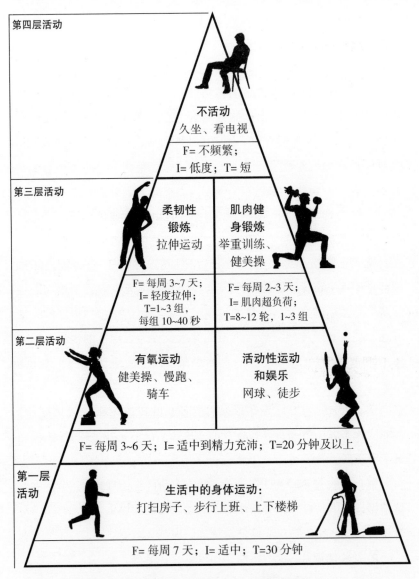

F 为频率，I 为强度，T 为时间，T 为锻炼方式，已用粗体标明。

摘自《美国运动医学会身体健康杂志》中的《身体活动金字塔拒绝极端锻炼》一文。

图 4-1　身体活动金字塔

4.3 锻炼中消耗的能量

在讨论接下来几章提供的各种锻炼指南之前，我们先来大致讨论一下你的身体如何为锻炼制造燃料。你的身体用你摄入的碳水化合物、脂肪、蛋白质制造一种叫三磷酸腺苷（ATP）的化学物质。在锻炼过程中，你的身体需要ATP来收缩肌肉。ATP的产生有两种方式：第一种方式不使用氧元素，因此被称为无氧能量系统；第二种方式需要氧元素来产生ATP，因此被称为有氧能量系统。人体的大部分活动都需要这两个系统的作用，但是，考虑到活动的持续性和强度，其中一个系统比另一个系统更重要。一般少于5分钟的锻炼靠的是无氧能量系统，而超过5分钟的锻炼多靠有氧能量系统。

4.4 锻炼顺序

表4-2列出的是能增强锻炼效果、减少受伤概率的锻炼顺序。注意，这个顺序里还包括热身、拉伸运动及放松降温等环节。

1. 热身

能使肌肉温度慢慢升高，加速新陈代谢和血液流动，保证在锻炼前做好充分准备，并会适当伸展紧缩的肌肉。锻炼之前至少花5分钟进行热身。

2. 放松降温

该环节很重要，因为它能帮助你减少锻炼之后的肌肉酸痛感。锻炼结束之后，花5分钟继续轻度活动一下你运动过的肌肉。

3. 休息

这是让你从疲劳的锻炼中恢复过来的尤为重要的一环。如果你连续几天锻炼任务都很繁重，就应该花几天时间做些轻松的锻炼，或者休息一段时间以便让身体复原。

表 4–2　建议锻炼顺序

1. 热身

↓

2. 拉伸（积极有力的拉伸）

↓

3. 身体活动部分 *

↓

4. 放松降温

↓

5. 拉伸（静态的拉伸）

* 指的是身体活动金字塔里的第二层和第三层的活动。

4.5 锻炼和反锻炼

在健康层面，锻炼和反锻炼分别会使身体有所得或有所失。以 FITT 原则为基础的训练，能帮助你达到身体健康的最佳状态。从另一方面来说，当身体完全不活动时，反锻炼导致健康水平下降的概率要比锻炼时获得优势的情况高出 1 倍（见表 4–3）。

即使降低了运动的频率和时间，只要你能保持平常的运动强度，也能把反锻炼的效果最小化。当你能够有效利用额外时间来运动时，你会发现，你的运动时间和可使用的健身器材可能都有限制，因此，你有必要了解上面所提及的概念。但在这些有条件限制的情况下，你往往会靠你现有的身体健康程度来履行职责。因此，应学习一些基本的训练准则，学习如何利用器械、空间和时间的限制（见第10章）。

表4-3 锻炼与反锻炼

锻炼	身体健康要素	反锻炼
↑	心肺功能	↓
↓	静息心率	↑
↑	肌肉强度和忍耐力	↓
↑	休息时的新陈代谢	↓
↑	肌肉燃料（糖原）储存	↓
↑	出汗及散热能力	↓

心肺训练

在本章中，你将学到：

1. 心肺的生理机能；

2. 心肺训练的益处；

3. 心肺训练中的 FITT 指南；

4. 有氧训练活动设计及其进展。

身体活动金字塔（见图4-2）第一层和第二层列出的大部分活动都属于心肺活动。这些活动通过增加心和肺的活动能力来促进健康。其他描述这些活动的术语如下所述。

5.1 心肺的生理机能

如图5-1所示，心脏是一块肌肉，它必须持续不停地进行收缩与扩张，以便为身体其他器官提供氧气。肺的功能是呼入氧气、呼出二氧化碳。血管连接心和肺，确保人体把血液中的二氧化碳排出体外，并把氧气吸进血液中。然后，心脏通过搏动把血液输送到身体的各个部位。在锻炼过程中，心脏搏动的频率必须变大、变强，以满足运动肌肉所需的氧气来产生能量。同样，为了增加吸入的氧气量和呼出的二氧化碳量，你呼吸的频率和程度也会增加。

心肺训练的基本原理是提高对心脏的要求（例如，让心脏在1分钟内跳动更多次），使其工作强度比人体在休息时要大。这样，心脏就能在每一次跳动时为身体各个部位输出更多的血液、提供更多的氧气，同时也能有一个较低的静息心率（又称安静心率，是指在清醒、不活动的安静状态下每分钟的心跳次数）。

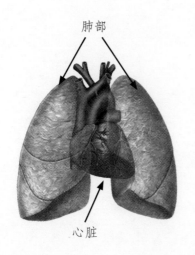

肺部

心脏

图 5-1

人们的日常活动在本质上都是有氧运动，提高为肌肉输氧的功能，则会有助于你更好地工作（见"锻炼中消耗的能量"）。因此，将你的心脏看作一块需氧的肌肉；在你的生命过程中，为了达到身体健康的最佳状态，这块肌肉必须得到训练。

5.2 心肺训练的益处

心肺训练或有氧训练的益处如下。

（1）增强心脏功能，减小静息心率。

（2）保证健康的体型及良好的身体表现，如有氧代谢能力的提高、肌肉耐力的提高等。

（3）保证身体健康，如保持健康的体重及身体脂肪百分比，合理管理压力，减少血液中胆固醇含量及甘油三酯水平。

（4）提高对身体素质有要求的工作能力。

（5）提高肌肉紧张度，拥有更好的外形。

5.3 有氧锻炼指南

我们在第4章以及在身体活动金字塔中概括的心肺训练FITT指南包括以下几个方面。

（1）频率——每周3~7天。

（2）强度——最高心率（Max HR）的60%~90%。

（3）时间——在目标心率范围内，每天30~60分钟。

（4）类型——持续、低阻抗、高重复性的活动。

锻炼强度及类型指南将在下文讨论。

5.3.1 锻炼强度

锻炼强度可以用以下方法进行评估。

1. 目标心率范围

在运动过程中测量心率的增加量，是测量运动强度的一个快速简单的方法。根据表5-1的方法测量心率。

表5-1　在手腕处测量心率

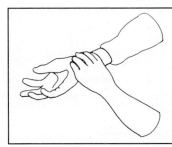

- 用你的指尖寻找大拇指下方手腕处的动脉，不要用大拇指指尖。
- 计算10秒内的脉搏数。
- 将得到的数乘以6，你就能得出每分钟的心跳数

测量运动时的心率之后，怎样才能知道锻炼强度是否合适？根据你的年龄和体型水平，目标心率范围提供了一个适合你的运动强度标准。根据表5-2或工作记录表5-1找出你的目标心率范围。

表5-2　目标心率范围

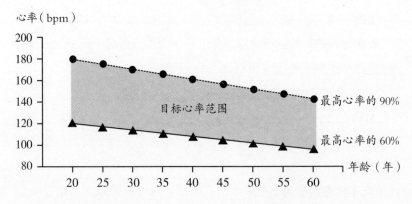

注：游泳和手臂锻炼时的最高心率（Max HR）比较低。上述两种活动在用于计算你的目标心率范围时，应在最大心率的基础上减去13。

工作记录表 5-1　计算你的目标心率

以年龄为基础的最高心率 =220-_____（你的年龄）=_____ 次 / 分

60% 最高心率 =_____（最高心率）×0.60=_____ 次 / 分

90% 最高心率 =_____（最高心率）×0.90=_____ 次 / 分

目标心率范围 =_____ 到 _____ 次 / 分

参照"训练设计及活动进程"部分，并根据你的体型水平和锻炼目标，得出你在锻炼中应努力达到的心率范围。

2. 热量

锻炼时，大部分健身器材都会显示"卡路里"，绝大多数人对这个词并不陌生。每小时消耗的卡路里是指你保持相同锻炼强度 1 小时所消耗的能量值。

3. 劳累程度

RPE 是锻炼者对运动强度产生的劳累度的分级。评测总分为 20分，6 分为不劳累，20 分为超负荷。很多人在锻炼时应将劳累度保持在 12~15 分之间（即适中到稍累）。

4. 其他测量锻炼强度的方法

METs（代谢当量）和 Watts（千卡/分）是另外两种常被运用于健身器材的测量锻炼强度的方法。MET 规定了人体进行一项活动所需的能量。休息需要 1 MET，因此，需要 5 METs 的锻炼所需的能量就相当于休息时所需能量的 5 倍。Watt 是指在规定时间内活动所需的千卡量。因此，Watts 的数值越大，锻炼强度就越高。

5.3.2 锻炼类型

持续、低阻抗的运动（如骑单车）能训练心脏和肌肉更有效地消耗氧气。考虑以下几点，选择最适合你的锻炼方式。

（1）为达到某种目的而进行的训练属于特殊锻炼。比如为了增加跑步时间而进行的跑步训练。

（2）能涵盖几个肌肉群的活动以及要求承重的锻炼，最能消耗你的热量。

（3）你最喜欢的锻炼就是最适合你的锻炼。

（4）替换锻炼的方式，以减轻重复运动带来的厌烦感，降低受伤的危险，比如多项训练。

表5-3列举了一些有氧锻炼活动供你参考。

表5-3　有氧锻炼列举

活动	优势	评价
有氧健身班	该运动设置为一组动作，分为各个不同的等级	选择适合你的节奏； 请指导者在课前讲授注意事项
骑单车	低冲击强度，很适合用来做多项训练	骑单车保持70转/分的速度，并在膝上配一根轻型绑带，能最有效地运动四头肌
攀爬（爬楼梯）	承重训练	该运动能活动下半身的主要肌肉；属于承重训练（不把手臂放在健身机器上）；其中，攀岩运动还能锻炼上半身肌肉

活动	优势	评价
越野滑雪	低冲击强度，适合用作多项训练	能使身体大部分主要肌肉群活动起来
跳绳	可在较小的区域内活动	快速跳绳类似于跑步；跳绳时穿好一点的鞋，尽量避开水泥地
武术	该运动设置为一组动作	受欢迎；很多不同种类的武术都注重灵活性、强度及放松程度
划船	低冲击强度	能活动身体大部分主要肌肉群
跑步	最小的装置要求	高冲击强度，可用其他运动方式代替
游泳，水中健美操	无冲击强度，可包含一组动作	能活动大多数主要肌肉群；效果和最基本的多项训练或修复锻炼一样好
走路	低冲击强度，最少的装置要求	能活动下半身大部分主要肌肉群；承重训练

注：上述基本锻炼类型可以有一些变动，比如跆拳道、踏步、旋转等。

5.3.3 多项训练

为了身体的全面健康以及身体素质的整体提高，为了防止过度运动造成的伤害，请时常交替你的锻炼内容。进行多项训练是一个不错的选择。进行多项训练能保证你获得一个均衡的有氧运动基础，同时也能让你避免因过度重复单一运动而引起受伤。进行不同类型的活动（如交替进行跑步和游泳）能够运动身体不同的肌肉群。

为了体能效果，表5-4针对如何提高你在快速、短途跑动活动（如足球）中的速度给出了策略。

表5-4　提高速度的不同训练策略

练习	描述
中间休息	休息恢复与运动之间的比率；即以正常节奏运动3分钟（恢复），短途快跑1分钟（运动），比率为3：1；工作时间15秒，恢复时间30秒，比率为2：1等
任意变速锻炼	将正常锻炼节奏同要求较高的锻炼节奏用自由的模式进行组合
计时测验	规定一段距离，以竞赛的方式锻炼
金字塔式	将锻炼划分为以下阶段：1分钟强度锻炼，1分钟休息；3分钟强度锻炼，2分钟休息；5分钟锻炼，3分钟休息；7分钟锻炼，5分钟休息；再反过来按5：3、3：2、1：1进行锻炼和休息
短途快跑	此运动方式最多持续5~10秒，之后应有完整的休息时间
加速跑	慢跑90米，然后快跑90米，再走90米；在一定的时间或距离内重复上述方法

5.4 训练设计及活动进程

现在，相信你已经做好准备，开始自己设计有氧锻炼计划了。在设计针对心血管锻炼的常规动作时，你需要先回答以下问题。（表5-5）

表 5-5 需回答的问题

1. 你的目标是什么？	你的兴趣点是健康、体能，还是想要立竿见影的效果？具体一些
2. 你享受这个过程吗？	你更喜欢小组活动还是单独活动？列出三项活动
3. 你的时间限制是什么？	根据实际情况回答你能花多少时间锻炼
4. 你需要什么运动装置？	计划你需要的运动装置，并做出预算

如果你想让这个项目根据实际情况来满足你的目标和时间要求，那么，请诚实地回答上述问题（本书第15章详细讲述了如何设定目标）。

（1）如果你一直处于久坐的状态，那么就先从增加身体活动开始吧。每天做一些图4-1中身体活动金字塔第一层的活动。

（2）一旦你能轻松地完成这些活动，试着加入身体活动金字塔第二层的活动。每周选择2~4天进行这些活动，每天坚持5~10分钟。

（3）每周以10%的速度慢慢增加第二层活动的持续时间，直到你能坚持长达20~60分钟。最高心率达到60%~75%便是你的训练强度范围（见工作记录表5-1）。

（4）只有身体素质非常好的人才能进行最高心率达到80%~90%的锻炼。

训练进程的黄金法则包括以下几方面内容。

（1）一次只提高FITT原则里的一项内容，即一次只提高频率，或只提高强度、时间、类型。

（2）每周提高度不应超过10%。再次提高运动水平之前，给自己一点时间去适应新的运动模式。过快提高速度会导致训练过度，会对你的身体造成伤害（见第13章）。

（3）过度运动的信号包括胸腔痛、呼吸急促，或者大口喘气、作呕、眩晕。如果出现上述症状，请立即停止锻炼。

基于你对上述问题做出的回答以及你现在的体能状况，为自己制订一个一周训练计划。周训练应该包括适中到较强的变化，并包括休息时间（见附录B）。第7章将教你如何在此基础上增加一项强度训练运动。

走路、跑步、游泳

在本章中，你将学到：

1. 设计一项走路课程；

2. 设计一项跑步课程；

3. 设计一项游泳课程。

走路、跑步和游泳都是很不错的有氧运动。本章讨论这三类锻炼方式的主要原因有以下两点：

1. 走路和跑步是人们时常在做的最普通的锻炼方式；

2. 三种锻炼方式都被用作海军PRT测试来检测体能水平。

6.1 走路和跑步装置

走路和跑步的时候，为了保持或提高身体素质、避免受伤，你需要使用正确的锻炼装置。以下提供了一些购买训练装置的小贴士和相关信息。

（1）**鞋子**能起到的作用包括缓冲、减震、控制步伐及增加耐久性。一双合适的鞋子能帮助你克服生物力学上的问题，比如足内翻（脚踝向内弯）、足弓高度等。专业商店、杂志和网站会提供众多最新款鞋袜的信息，包括什么鞋袜最适合你的脚型等。不要仅根据鞋的品牌名称就买鞋。

（2）**矫正型的鞋子**是在鞋子里加入鞋料，为那些跑步时可能会因为生理力学原因而脚痛的人提供额外的支撑和控制。这种鞋子可通过定制购得。

（3）**心率监视器**通过持续监视心率来测量运动强度。这类器材由一个腕表和一个胸口绑带组成：胸口绑带测量你的心跳，并把它传送给腕表，腕表则显示每分钟的心跳数来表示心率。这种器材能让你时刻查看自己在运动过程中的心率，并能使你有意识地将心率保持在训练目标范围内（见第5章）。

（4）当你在户外运动时，携带**计步器**及便携式**饮料容器**有利于你的健康和安全。其他装置能提供一些娱乐，比如随身听；但是，在决定携带之前，你要先考虑一下训练环境是否适合，使用这些装置是否会减少你对周围环境的觉察，从而对你的安全构成隐患。

6.2 走路课程

走路是人们都会做的最轻松、最普通、低冲击强度的锻炼。然而，人们对于走路能减肥及对心肺功能进行训练方面，还是抱有很多误解。只要走路锻炼的强度达到你最高心率的60%~75%，走路便确实对健康有益。

走路时，挺直背部，注意保持舒适的跨步距离。不要在脚踝或手腕处绑上加重带，因为它们只会增加关节的压力。如果你之前处于久坐状态，可用一个舒服的速度先在平地上走15分钟。每隔一天走一次。每周较前一周增加10%的走路时间，直到你能不间断地走20分钟。接下去，每周较前一周增加10%的路程（保持4.8千米/时的速度），直到你能不间断地走3.2千米。然后再根据表6-1列出的课程进行锻炼。

表6-1　走路课程概览

周数	频率（次/周）	距离（千米）	目标时间（时间长度·速度）	评价
1~2	3	3.2	40分·4.8千米/时	
3~4	4	3.2	38分·5.1千米/时	以周为单位加速，每周提高1分钟
5~6	5	3.2	36分·5.3千米/时	
7	5	3.2	34分·5.6千米/时	以周为单位增加距离，每次增加0.8千米
8	5	4	43分·5.6千米/时	
9	5	4.8	51分·5.6千米/时	

续表

周数	频率 （次／周）	距离 （千米）	目标时间 （时间长度·速度）	评价
10~15	5	4.8	45 分 · 6.4 千米／时	使心率保持在最高
16~17	4	5.6	53 分 · 6.4 千米／时	心率的 60%~75%
18~19	4~5	6.4	60 分 · 6.4 千米／时 *	范围内

＊添加在丘陵地形中的训练以增加多样性。

6.3 跑步课程

只有当你能以 6.4 千米／时的速度走 6.4 千米时，你才能开始参加跑步课程。参加跑步课程有各种各样的益处，比如保持体重、增加心脏血管健康、增加自信心等。

6.3.1 跑步形式

暂不考虑跑步的目标，先来关注一下适合你的跑步形式。这能保证你的跑步方法是有效的，并且不会对关节造成损害。关键是要跑得自然、保持轻松。跑步过程中不要大跨步，也就是说，不要像大跨步那样让脚跟落于膝盖前方，而是直着腿用脚跟着地。大跨步式的跑步很伤膝盖、背部及臀部。

良好的跑步形式具有三个特征：跑得高、跑得轻松、跑得自然。

6.3.2 跑步地面

最好的户外跑步地面是塑胶跑道。水泥和沥青浇成的人行道和公路常常筑有高起的路肩，因此，这些道路对跑步起不到缓冲作用。

当你在跑道或小路上跑步时，要经常变换方向，以减少因跑道情况及重复跑步引起的生理力学问题。大部分跑步机在缓冲方面做得很出色，而且还能控制运动的速度和强度。在水中甚至深水中跑步主要是用于修复，因为这种方式能在有效提高心血管功能的同时，减小对肌肉和关节产生的压力。

6.3.3 开始跑步课程

当你准备参加跑步课程时，把走路和慢跑结合起来锻炼，逐渐减少走路的时间，并逐渐增加慢跑的时间。记住，你的锻炼强度应该保持在你最高心率的60%~75%范围内，所以，应当根据这个范围相应地调整你的速度。

表6-2列出的是一个初级慢跑课程，以帮助你更轻松地过渡到更高阶段的运动。一旦你能在你的目标心率范围内不间断地完成表中列出的走路—慢跑循环训练，你就能进入下一阶段的锻炼了。

如果你想通过跑步来提高体能，每周跑9.6~12.8千米是最好的，即每周跑3天，平均每天3.2~4.2千米。用跑步测速仪来记录你的运动情况（见工作记录表B-1），包括路程、时间、心率和劳累程度等（见第5章）。

表 6-2　开始慢跑课程

阶段	走路	慢跑	时间 / 距离	
阶段一	1~2 分钟	走路逐渐到持续慢跑 2 分钟	20~30 分钟	经常查看心率，心率应在最高心率的 60%~75%
阶段二	1~2 分钟	0.4 千米（或绕 440 米的跑道跑一圈）	分 6 次慢跑，每次 1/4 圈	
阶段三	1 分钟	0.8 千米（或绕 440 米的跑道跑两圈）	分 3 次慢跑，每次半圈	
阶段四	在热身和放松降温时进行	不间断地跑 1.6 千米	慢跑 1.6 千米，走路 1.6 千米	
阶段五	在热身和放松降温时进行	当你能不间断地跑 3.2~4.8 千米时，慢跑距离增加 0.4 千米	3.2~4.8 千米	

6.3.4 提高你的跑步锻炼水平

当你能每周轻松舒服地跑完 9.6~12.8 千米，并希望能再进一步提高跑步能力时，那就开始考虑增加跑步距离或提高跑步速度。不过，如果增加距离或提高速度的幅度太大，可能会导致受伤。所以，选择其中一方面逐渐增加，每周增加的幅度不超过 10%（即如果你能跑 8 千米，每周增加 0.8 千米，保持速度不变）。新的跑步距离至少应保持一周，或者至少保持到你能不间断地轻松跑完新距离。持续性比速度更重要。如果你跑步是为了锻炼而不是竞赛，那么，你的速度应保持稳定（保证心率为最高心率的 60%~75%），并保证跑步时可以舒服地对话。

每周跑步距离或速度的涨幅不应超过10%。

不要在增加距离的同时提高速度。

对一个中等水平的跑步者来说，每周跑32~48千米是很好的训练距离（见表6-3）。一般来说，当你的跑步距离增加时，你的受伤概率也相应提高了。所以，如果为了提高身体素质而跑步，而非为了参加竞赛，那可以把你的周跑步距离保持在32千米以下。用多项训练提高你的有氧体能，跑步不要超过32千米。

表6-3　适合中等水平者的跑步课程

单位：千米

周数	星期一	星期二	星期三	星期四	星期五	星期六	星期日	总计
1	3.2	—	3.2	—	3.2	3.2		12.8
3	3.2	—	4.8	—	4.8	3.2	—	16
5	4.8	—	6.4	—	4.8	4.8	—	20.8
7	4.8	—	6.4	—	6.4	4.8	—	22.4
9	6.4	—	8	4.8	—	4.8	6.4	30.4
11	6.4	—	8	4.8	—	8	4.8	32
13	8	—	8	8	—	6.4	8	38.4
15	8	—	9.6	8	—	9.6	8	43.2
17	8	—	9.6	9.6	—	9.6	11.2	48

在不跑步的日子里，进行多项训练或休息。

每周跑步总距离不宜超过32千米，但如果你体能较好，可以每周保持48千米的跑步距离的话，那么你就能轻松参加1万米跑步比赛及其他类似的跑步比赛了。

6.3.5 长距离跑步训练

如果你想进行长距离赛跑，比如半程马拉松比赛、海军陆战队马拉松比赛、空军马拉松比赛或类似比赛，你可以联系当地的跑步组织、国家级别的跑步项目，或者联系在训练长跑运动员方面有经验的教练。针对长距离竞赛的训练对身心来说都极具挑战性。

6.4 游泳课程

游泳是提高全身素质效果最棒的锻炼方式。在游泳时，水的浮力能支撑身体的重量，因此，游泳是多项训练的最佳选择。同时，对于那些被体形问题困扰的人，或是处于身体复原阶段的人来说，游泳也是很好的选择。

6.4.1 开始游泳课程

如果游泳是你最优的锻炼方式，那么你必须是一个资深的游泳者。为了强调游泳所消耗的热量，请看以下几组数据：游泳400米消耗的热量相当于慢跑1600米消耗的热量。因此，一个经验不足的游泳者可能没办法连续游20~30分钟。如果你不熟悉游泳的基本动作，上游泳课的时候注意一下你的技巧。一旦你能连续游泳20~30

分钟，你就已为增加游泳距离或提高速度打下了良好的基础。表6-4
为中等水平的游泳者列出了一项10周游泳课程。

表6-4　游泳课程

周数	距离（米）	次数	频率（天/周）	目标时间（分钟）
1	300	12	4	12
2	300	12	4	10
3	400	16	4	13
4	400	16	4	12
5	500	20	4	14
6	500	20	4	13
7	600	24	4	16
8	700	28	4	19
9	800	32	4	22
10	900	36	4	22.5

6.4.2 在开放海域游泳

在开放海域游泳是一项很具挑战性的运动，但与此同时，它的
回报率也很高。不过，在出海前，你应该保证自己的游泳水平至少
能持续地在游泳池里游1.6千米。在开放海域游泳时，你会面临很多
游泳训练时没有接触过的安全问题，所以，应遵守以下安全规则。

（1）请教救生员或当地人有关该海域的安全问题。（是否有激

流或激潮？这片海域的海洋生物有哪些？注意避开有鲨鱼出没的区域。）

（2）沿着将要游泳的海域的沙滩走一遍。注意浮标、冲浪者及其他测量方向和水流强度的游泳者。找好地标（房屋或救生站），在你游泳的时候将其作为标记参考物。

（3）穿着舒适、宽松的衣服（冷水用紧身潜水衣）；准备好泳帽和防紫外线UVA/UVB的护目镜。你也可以戴游泳手套及鳍状物。全身涂上防水的防晒霜。

（4）不要独自游泳。如果你是第一次在开放海域游泳，仅仅游过碎浪就行了。

（5）贴着海岸线游，始终与海边的碎浪保持90~140米的距离。在你转头换气时，不时查看你与海岸线的距离。以远处的一个静止物为目标游泳，每游过45~90米查看一下与目标静止物的距离，并适当调整游泳路线。

（6）对于开放海域游泳者来说，最好的起始距离是0.8千米。前0.4千米逆流游泳，然后转身顺流游接下来的0.4千米。以每次0.4千米的幅度逐渐增加你游泳的距离。

（7）穿颜色鲜亮的衣服，以避免被船只和水上摩托艇撞上。如果有船正在靠近你，马上往远离船的方向游，并使劲踢出水花，以便让船上的人注意到你的存在。

力量训练

在本章中，你将学到：

1. 肌肉力量；

2. 肌肉耐力；

3. 力量训练指南；

4. 设计力量训练课程；

5. 适当的训练技巧。

肌肉的力量和耐力训练是个体体能全面发展的基本组成部分。力量训练能够提高你完成日常及繁重体力劳动的能力。在你阅读本章内容时，思考一下你在工作或家庭生活中经常从事哪些体力劳动，需要花费多少力量，以及哪些锻炼与这类体力劳动有类似之处。你应该把力量训练的重点放在提升功能性或应用性力量上，提升处理一些特殊工作的能力，提高战事预备力，减少受伤概率等。本章列出了肌肉力量及耐力训练的一些方法，以及锻炼器材的正确使用方法，希望能帮助你达到目标。

7.1 肌肉力量与肌肉耐力

（1）肌肉力量是指肌肉在对抗阻力时所爆发的力量。当你抬高或降低一个重物时，你的肌肉必定为你提供了足够的力量，去帮你完成移动重物的这个动作。

（2）肌肉耐力是指肌肉反复提供抬高或降低重物的能力。肌肉耐力描述的是抬高或降低一个重物所持续的时间或次数。

7.2 力量训练的益处

力量训练和有氧锻炼会给人体带来不同的益处，所以，这两种锻炼方式应该相辅相成。力量训练的一般益处包括：

（1）提高肌肉力量及肌肉耐力，提高脂肪除外的体重比例，减少身体脂肪含量，提高能量代谢水平。

（2）提高身体协调性，减少受伤的概率。

（3）提高自信心，减少心理压力。

（4）在对体力有特殊要求的工作上能有更好的表现。

7.3 肌肉大小的决定因素

肌肉的大小受到很多因素的影响（见图7-1）。尽管众多因素不在人为控制范围内，但我们还是能控制其中两个因素：锻炼和饮食习惯（详见第3章、第4章、第11章）。

图7-1　影响肌肉大小的因素

　　一般来说，男性的肌肉比女性的要多，这主要是因为男性分泌的睾丸激素比女性的多。女性进行力量训练可能会训练出一点肌肉；但是，人们普遍有这样的误解，即认为肌肉训练会使女性的身体体积变大。重要的是，肌肉训练能够大幅度增强肌肉的力量，降低受伤的危险。除此之外，女性通常上半身的力量比较小，而很多军事活动对上半身的力量要求很高。

7.4 力量训练指南

7.4.1 训练形式

　　为了将优势最大化、伤害最小化，正确地提高技巧很关键（见附录C）。如果你采用的力量训练形式不正确，最直接的结果就是导致受伤。

（1）学习一种新的锻炼方式时，请选择最小的重量级别。

（2）封闭式紧握（四个手指和大拇指绕棒握住，或者交叠握住），并把两手放在离棒两端等距离的位置上，尽量使棒的重量平均分布在手上。

（3）在练习自由重量级前，应做以下准备活动：两脚分开与肩同宽，稍稍弯曲膝盖，这时你的背部应该呈放松的正常弯曲状；头部保持正直，眼睛直视前方。如果保持这个姿势对你来说很困难，那就说明你选择的重量级别超过你的承受范围了。

（4）如果你选择通过阻力作用达到力量训练的健身器材，要把器材上的垫块调整到适合你的位置，这样一来，垫块就能在你上举时起到支撑作用。在这个过程中保持头部正直，眼睛直视前方。

（5）上举的动作应该缓慢、平稳，并且在你的控制范围内。往每个方向抬高和降低重物的动作都应保持2~4秒，以确保你的肌肉在移动重物，而不是你的冲击力在帮你移动。

（6）用力的时候呼气（把重物往与重力相反的方向移动时），恢复到起始位置时吸气。不要在锻炼的时候屏气。

（7）练习自由重量级时，使用监察器。

训练中最常犯的错误就是，人们的关注点往往放在正在抬高的重物上，而不是关注自身能否平衡，能否控制这一重量。避免错误的最好办法就是请一位健身教练教你新的锻炼方式，并请他根据你的体能水平和目标，告诉你什么才是最适合你的锻炼方法。附录C列出了训练技巧方面常出现的错误以及避免犯错的方法。

7.4.2 FITT 指南

当你觉得自己能适应力量训练的基本技巧时，你可以根据第4

章图4-1给出的身体活动金字塔来运用FITT指南慢慢建立起属于你的锻炼模式。用于力量训练的FITT指南包括以下几个方面。

（1）频率：每周2~3次活动主要肌肉群，锻炼时间不连续。

（2）强度：力量训练用到的全部重量或要求的阻力大小。

（3）时间：锻炼持续时间。

（4）类型：使用的器材及锻炼方式。

你需要了解两个概念：重复及组。重复是指举起和放下重物的一个来回动作。比如，一个弯腿的重复是指抬高你的脚踝到你的臀部，停顿1秒，再把脚踝放回原处。组是指不停地重复动作的次数。比如，如果你做10次弯腿，休息60秒，再做10次弯腿，那么你就做了两组弯腿，每一组为10个来回。在记录你完成的重复数和组数时，请写明"组数 × 重复数"（上述例子中就是2 × 10）。

7.4.3 训练的强度

计划好举重的形式之后，再关注训练的强度问题。力量训练的基本方法是逐渐增加训练过程中的举重重量，直至达到肌肉能够承受的最大范围。这是用渐增超负荷训练的方式增强肌肉力量，同时不会引起损伤。下面是为初级者、一段时间不锻炼现在又重新开始锻炼的人群、学习新的锻炼方式的人群所准备的肌肉力量训练强度指南。

（1）当你选择并完善了训练形式，你可以逐渐增加举重重量，直到在一个好的锻炼形式下你也只能举12次的重量值为止。刚开始的时候，这个重量值并不那么容易找到，你也可能会在这个过程中犯错误。

（2）当你的肌肉力量慢慢增强，你的"12次"重量也会相应增加，因此，应适当地增加你的举重重量，但每周增加的幅度不要超过10%。

（3）开始一个训练惯例，该惯例应该包含1~2组作用到每个主要肌肉群的12次重复（第五章第三节的"锻炼类型"对此做出了解释）。

一个包含1~2组的12次重复的力量训练动作，如果长期坚持训练，便能最有效地保持并增强你的肌肉力量。除此之外，这类动作组仅需30分钟就能完成。一旦你拥有较为稳定的力量和耐力基础（大约8周后会达到这种效果），你可能会想出更具体的训练目标。总的来说，下面给出的指导建议适用于多种类型的力量训练目标。

（1）肌肉耐力：2~3组，每组12~15个重复，负重为能重复15次的重量；每组之间休息30~60秒。

（2）肌肉增大（增大肌肉体积）：3~6组，每组8~12个重复，负重为能重复12次的重量；每组之间休息30~90秒。

（3）肌肉力量：3~5组，每组2~8个重复，负重为能重复8次的重量；每组之间至少休息120秒。

注意：在力量训练中，不要选择最大的承重量进行训练。

7.4.4 练习类型

为了使益处最大化、伤害最小化，请注意以下几点：

1. 肌肉平衡

以关节附近的相反肌肉群为目标进行锻炼，增强主要肌肉的力量，提高关节的活动性。例如，加强上臂的二头肌与三头肌的肌肉力量。

2. 锻炼选择

选择至少一种锻炼类型，以此锻炼每个主要肌肉群。主要肌肉群包括胸部、背部、肩膀、手臂、腿、下背和腹部肌肉群。（见图7-2和工作记录表B-2）

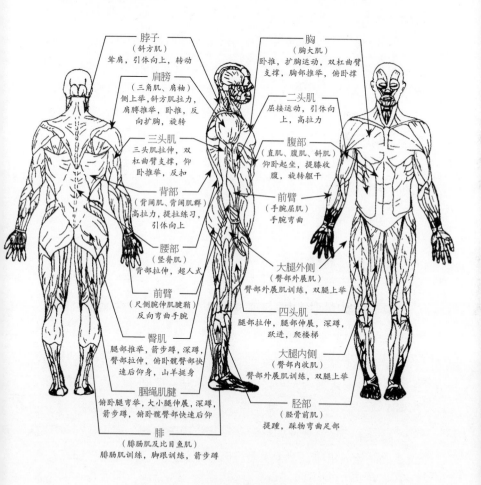

脖子
（斜方肌）
耸肩，引体向上，转动

肩膀
（三角肌、肩袖）
侧上举，斜方肌拉力，肩膀推举，卧推，反向扩胸，旋转

三头肌
三头肌拉伸，双杠曲臂支撑，仰卧推举，反扣

背部
（背阔肌、背阔肌群）
高拉力，提拉练习，引体向上

腰部
（竖脊肌）
背部拉伸，超人式

前臂
（尺侧腕伸肌腱鞘）
反向弯曲手腕

臀肌
腿部推举，箭步蹲，深蹲，臀部拉伸，俯卧髋臀部快速后仰身，山羊挺身

腘绳肌腱
俯卧腿弯举，大小腿伸展，深蹲，箭步蹲，俯卧髋臀部快速后仰

腓
（腓肠肌及比目鱼肌）
腓肠肌训练，脚跟训练，箭步蹲

胸
（胸大肌）
卧推，扩胸运动，双杠曲臂支撑，胸部推举，俯卧撑

二头肌
屈接运动，引体向上，高拉力

腹部
（直肌、腹肌、斜肌）
仰卧起坐，提膝收腹，旋转躯干

前臂
（手腕屈肌）
手腕弯曲

大腿外侧
（臀部外展肌）
臀部外展肌训练，双腿上举

四头肌
腿部拉伸，腿部伸展，深蹲，跃进，爬楼梯

大腿内侧
（臀部内收肌）
臀部外展肌训练，双腿上举

胫部
（胫骨前肌）
提踵，踝物弯曲足部

图7-2　不同肌肉群的锻炼

3. 锻炼顺序

在进行单一关节锻炼前，先进行多关节锻炼。在多关节锻炼里，多处关节都能得到活动。例如，在卧推过程中，你同时活动了肩膀和手肘。在单一关节锻炼过程中，运动的只有一处关节（每一边）。例如，在弯曲手臂这个动作中，你只活动了手肘。将背和腹部锻炼放在锻炼的最后，其他锻炼过程需要利用这两部分肌肉来保持平衡。

根据工作记录表B-2设计你的运动，并记录你的训练进程。即使你保持组数与重复数不变，每4~8周也应改变一下锻炼肌肉群的方式。改变锻炼内容会给肌肉带来不同程度的负重，增加肌肉力量，缓解单调感。图7-2列出了很多适合每个肌肉群的锻炼方式。为了增加上半身的力量，女性应该将锻炼目标锁定在背、脖子、胸、肩膀和手臂等部位。

7.5 运动器材的选择

力量训练需要配备的个人装置最少：体重秤、一双好的跑鞋、一副举重专用手套。一般重量级别的举重对背部不会施加太大压力，不推荐使用举重带；在举重的重量数值达到或将要达到最大时，则推荐使用。这是因为，当你使用举重带时，举重带代替了腹部肌肉作用于你的躯干，使你保持平稳，因此会使腹部肌肉得不到锻炼。

健身中心里最普通的杠铃是奥运会用的杠铃。这些杠铃的尺寸和重量都各不相同、种类繁多，因此，在你自己做决定之前，最好请专业人士帮你挑选一个最适合你的杠铃。再则，加在杠铃上的重量板也有多种尺寸，并同时能以磅和千克来计量。了解一下你所在的健身房的重量单位，10磅和10千克是有天壤之别的！使用合适的圈箍把重量板固定在杠铃上。

运动器材的选择很大程度上取决于你的目标和训练经验。表7-1列出了自由重量训练器材与抗阻力训练器材的比较，以帮助你做出选择。如果你是新近才开始到健身中心锻炼，或者不确定怎么使用一架运动器材，请健身中心的职员帮你介绍一下基本情况。这有助于你根据你所在健身中心的器材，选择设计一个适合自己的锻炼方法。

尽管本章主要讲的是通过阻力作用达到力量训练的健身器材及自由重量级器材，事实上有助于力量训练的阻力还有很多其他来源。在空间和器材都可能受限制的时候，其他能够使用的有助于力量训练的锻炼技巧和器材详见第8章和第10章。

表7-1　自由重量训练器材与抗阻力训练器材

自由重量训练器材	抗阻力训练器材
花费小、用途多	价格高、用途少
形式很重要；需要外部力量监视	锻炼过程中身体能得到支撑；容易上手
训练平衡感及姿势；类似于日常活动	相比自由重量训练，更容易针对不同肌肉群进行训练
能进行多处关节及单一关节的锻炼	有多关节活动用器材和单一关节活动用器材
通过关节的完全作用使肌肉达到训练的效果	在受限的动作中，肌肉得到训练

以下两套动作是增强肌肉力量的最基本的锻炼动作。根据你的

时间、目标、训练历史和体能水平，从中选择一套最适合你的动作。只有当你的肌肉力量和肌肉耐力达到一个稳定的状态，并且你的举重形式也日臻完善时，你才能采用更高级的锻炼方法。如果你想知道更多有关高级方法（如金字塔、超级组、不成套锻炼等）的信息，可请教你所在健身中心里负责身体协调的教练或资深身体健康专家。

1. 全身锻炼

一个单独的完整时间段里进行的锻炼，能活动所有主要的肌肉群（见工作记录表B-2）。为每一个肌肉群选择一种相应的锻炼方式，每个运动活动1~2组，每组之间稍加休息。该锻炼花费的时间应为20~45分钟。为了达到力量训练的基本目标，每周至少运动2次。

2. 循环训练法

该训练方法结合了有氧运动及力量训练。每项锻炼需花费30~45秒，并且上半身与下半身轮换运动。在一定的时间内，一个循环可被重复2次以上。如果每周进行3次循环训练，则能提高人体需氧条件，适度增强力量。这套方法适用于那些难以有完整的45分钟进行有氧运动及力量锻炼的人。

使用本章提供的用于提高力量的训练方法指南，至少每8周更换一次每个肌肉群的锻炼方式，以达到力量训练优势的最大化，增强与工作要求相关的体能素质。

健美操

在本章中，你将学到：

1. 健美操的正确形式及方法；

2. 设计一个健美操锻炼课程；

3. 腹部锻炼技巧。

健美操对器材的要求最小，人们几乎能在任何地方进行这项锻炼。健美操能增强并保持肌肉力量和肌肉耐力；当没有专业的力量训练器材时，它的作用尤为突出。

8.1 健美操指南

　　在你选择健美操来增强肌肉力量或肌肉耐力时，你同样应该参考第7章提出的建议。强度基本上是以组、重复的数量、休息时间的长短为基准。阻力是体重所提供的，而非来自外界。正确的健美操锻炼形式往往是参考第7章列出的多种锻炼方法（包括肌肉平衡及锻炼顺序）得出的结果。你可以从上述方法中任选一项或几项，添加到你的健身锻炼计划中，以达到多样性的发展。表8-1列出的是健美操锻炼的详细方法指南。

　　在开始健美操课程前，先从表8-1中为每一个肌肉群选择一种锻炼方式。坚持做这套常规动作，保持每周2~3次的频率。

　　（1）不论哪一种锻炼方式，刚开始时做1组（8个来回），做完每组休息60秒。

　　（2）按周增加锻炼强度，每次增加1~2个来回，直到你能不间断地做12个来回。

　　（3）当你能从1组做到12个来回时，就可以把每项锻炼的强度增加到2组，每组8个来回。同样，增加的幅度还是每周每组1~2个来回，直到你能不间断地完成24个来回。

　　（4）当你能完成上述目标时，就可以把每项锻炼的强度增加到3组，每组8个来回。同样，增加的幅度还是每周每组1~2个来回，直到你能不间断地完成36个来回。

　　（5）当你的锻炼强度达到3组，每组12个来回时，尝试增加锻炼的难度：①改变你的运动类型；②减少休息时间；③运动时加一个负重包或请一位同伴提供阻力；④一次运动身体的一侧。其他建议详见表8-1。

8.2 锻炼各部位的健美操课程

表8-1　适合不同肌肉群的健美操锻炼

颈部	**颈部转动** 平躺。 **第一步**：抬头并将头歪向一侧。 **第二步**：将头移回中间位置。 **第三步**：将头歪向另一侧。 **第四步**：将头移回初始位置。 **这项运动对颈部屈肌有好处**
腿部	**直腿抬高** 坐在椅子边缘，挺直背部，双手放在身体两侧做支撑；右膝弯曲呈90°，垂直踩在地面上；左腿往前伸直，左脚跟放在地板上。 **第一步**：慢慢抬高左腿，但高度不要超过臀部离地的高度，背部保持挺直。 **第二步**：以椅子为参考，脚后跟下降3厘米。 **变换腿部承重以增加难度**：在脚踝处增加重量。 **这项运动锻炼臀部屈肌**

续表

腿部	**手碰膝盖深蹲** 双脚分开与肩同宽，手臂放在身体两侧。 **第一步**：臀部和膝盖弯曲，背部挺直；双脚平稳踩在地面上，直到手指能触碰并超过膝盖的高度；膝盖不能超过脚尖的垂直线。 **第二步**：双脚跟用力，使身体恢复到起始位置。 **这项运动锻炼四头肌、腿筋和臀肌**	
	伯特·雷诺 左侧躺，以手扶头；伸直左腿，弯曲右腿，并把右腿放在左腿前面。 **第一步**：抬高左腿，使其离地约20厘米。 **第二步**：放下左腿，使其位于离地3厘米的位置。 换一侧按照同样的方法锻炼右腿。 **这项运动能锻炼大腿内侧（臀部内收肌）**	
	单腿深蹲 用右腿支撑身体重量，左腿水平抬高并往前伸直。 **第一步**：弯曲右膝，直到膝盖超过脚尖垂直线。 **第二步**：右脚跟用力恢复到起始位置。 左腿重复相同的过程。 **这项运动锻炼四头肌、腘绳肌腱及臀部肌肉**	

腿部	**抬腿** 左侧躺，双膝弯曲呈 90°。 **第一步**：右腿抬高 15~20 厘米，膝盖和脚踝与地面平行。 **第二步**：放下右脚到左脚上方 3 厘米的位置。 换一侧按照同样的方法锻炼左腿。 **这项运动锻炼大腿外侧（臀部外展肌）**	
	负重起踵练习 踮脚站在台阶上。 **第一步**：抬高脚后跟，离台阶约 8 厘米。 **第二步**：双脚恢复站立在台阶上。 **变换**：试着在脚尖朝内、脚尖向正前方、脚尖朝外时进行此项锻炼	
臀部	**跪撑大腿向后伸展** 膝盖和前臂撑地；抬起左腿，大腿与小腿呈 90° 弯曲状，并保持左膝盖不高于臀部；背部挺直，臀部与地面平行。 **第一步**：左腿降低 15 厘米。 **第二步**：抬高腿到原来的位置。 两腿交换，重复上述运动。 **适当改变以增加难度**：抬腿的时候，将腿伸直。 **这项运动锻炼臀部肌肉**	

续表

腰部	**超人式** 俯卧。 **第一步**：抬起相反方向的手臂和腿（如右臂和左腿），使其与地面距离15厘米，保持3~5秒；防止背部伸展过度。 **第二步**：慢慢放下抬高的手臂和腿。 用另一侧手臂和腿重复上述动作。 **适当改变以增加难度**：给手臂和腿负重。 这项运动锻炼腰部和臀部肌肉	
	俯卧背部伸展 俯卧，双手交握放在背后。 **第一步**：抬高上半身，直到肩膀和前胸离开地面，保持3~5分钟；避免背部伸展过度。 **第二步**：恢复到起始位置。 **适当改变以增加难度**：将双手放在背后（最简单）；放在脑后；放在头顶（最难）。 这项运动锻炼腰部肌肉	
胸肩部 手臂	**俯卧撑** 俯卧，双脚并拢；双手之间距离与肩同宽，双手撑住地面；头部朝前，身体保持笔直；伸展手臂。	

胸 肩部 手臂	**第一步:** 手肘弯曲呈 90°，逐渐减少身体与地面的距离，胸贴近地面。 **第二步:** 恢复到起始位置。 **变换:** **指尖俯卧撑:** 同正常的俯卧撑相似，但是，用手指尖而不是整个手掌来支撑身体的重量。 **这项运动锻炼前臂及握力。** **三角肌俯卧撑:** 同正常的俯卧撑相似，但双手并拢放在胸前，手指分开。双手的大拇指和食指应尽量触碰。 **这项运动锻炼三头肌、胸、肩部和腹部肌肉**
	双杠曲臂支撑 将双手放在双杠上，伸展手臂；除非十分必要的时候，否则不能使用双腿来支撑重量。 **第一步:** 弯曲手肘，直到肩膀与手肘平行。 **第二步:** 伸展手臂恢复到起始位置。 **这项运动锻炼三角肌、胸和肩膀肌肉**
背部 手臂	**引体向上（手掌朝外）** 双手抓住单杠呈笔直悬挂状，手臂之间距离与肩同宽，手掌朝外。

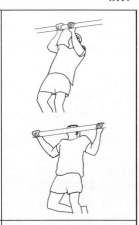

第一步：利用手臂力量向上抬高身体，直到下巴能触碰单杠；不要踢腿。

第二步：恢复到起始位置。

变换：双手之间的距离变窄、变宽。

这项运动锻炼背部和前臂

背部

手臂

斜面引体向上

使用一根较低的单杠；躺着或坐在地面上，胸口保持在单杠下方；双手与肩同宽并抓住单杠，手掌朝外。

第一步：利用手臂力量抬高上半身，靠近单杠并与其成45°；运动过程中肩胛保持紧缩状态。

第二步：伸展手臂。

这项运动锻炼背部、肩部和手臂

引体向上（手掌朝内）

双手抓住与地面平行的单杠，身体完全伸展；手臂之间距离与肩同宽，手掌朝内。

第一步：利用手臂力量把身体向上拉，直到下巴触碰单杠顶部；不要踢腿。

第二步：恢复到起始位置。

这项运动锻炼背部及二头肌

腹肌练习 仰躺，膝盖弯曲，大腿与小腿成45°；双手放在脑后，手肘放在后方。 **第一步：**抬高上半身直到肩胛离开地面，倾斜骨盆使腰部触碰地面；用胸的力量完成动作，而不是靠头。 **第二步：**恢复到起始位置。 **适当改变以增加难度：**膝盖靠近胸部；垂直地面向空中伸展双腿；在腰后放一块卷起来的毛巾。手臂的位置可以按由易到难的程度放在身侧、胸口，双手放在脑后或交叠放在头上。 **这项运动锻炼腹部肌肉和斜肌**	
身体蜷曲 仰躺，膝盖弯曲，双脚水平踩在地面上，脚后跟离臀部约25厘米；双臂交叉，双手放于胸前或肩膀位置。 **第一步：**蜷曲身体，双手保持在胸前或肩膀位置，用手肘触碰大腿根部；做上升动作时呼气。 **第二步：**往回躺，直到肩胛的下半部分碰到地面；躺下时吸气。 **这项运动锻炼腹部、斜肌及臀部屈肌** **注意：**身体蜷曲是海军PRT的一部分。但是，如果你在做这项运动时腰部有痛感，那么就用腹肌练习代替这项运动	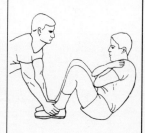

腹部

身体灵活性训练

在本章中，你将学到：

1. 灵活性训练的好处；

2. 拉伸的生理学原理；

3. 正确的拉伸技巧。

灵活性训练是提高身体素质课程的一个重要组成部分。如果锻炼的目标是达到身体健康的最佳水平，提高战事预备力，那么均衡的灵活性训练就是必不可少的。

9.1 拉伸的好处

灵活性是指在全方位运动中自由地活动关节的能力。灵活性训练的目标是增强关节的运动能力，同时保持关节的稳定性。正确的拉伸能增加灵活性，与力量训练和有氧运动相辅相成，并有以下益处：

（1）运动后拉伸能缓解肌肉酸痛感；

（2）减少受伤的概率；

（3）为锻炼或竞赛做好心理和身体上的准备；

（4）使肌肉在幅度更大、功能性要求更高的运动中，表现出更好的效果；

（5）精神上放松。

9.2 灵活性锻炼的方式

最安全、最有益处的灵活性锻炼方式之一，就是静态的拉伸运动。静态拉伸是通过全方位运动实现的，它的节奏缓慢，且在身体的控制范围内。"静态"意味着拉伸运动伸展的是关节的运动极限。人们认为这些静态运动是安全有效的，因为它们拉伸肌肉和身体的结缔组织，且选择的作用方式不是那些会让肌肉产生抵抗的快速运动。这些运动可以通过主动的方式完成（例如，你为了拉伸目标肌肉群而收缩与其相反的肌肉群），也可以通过被动的方式去完成（例如，你在一块毛巾的帮助下完成肌肉拉伸）。把表9-1列出的静态拉伸纳入你的锻炼课程。图7-2列出了这些运动锻炼的肌肉群。为每一个肌肉群选择至少一种拉伸方式。每种拉伸方式坚持10~30秒，然后休息10秒；每个拉伸动作重复2~5次。肌肉平衡同样适用于拉伸锻炼，因此，要拉伸相反肌肉群（例如，拉伸腿筋和四头肌）。

切记静态拉伸过程应该缓慢且平稳，每个动作坚持10~30秒。

另一种灵活性锻炼方式是动态拉伸（见表9-2）。动态拉伸是通过关节的一系列活动完成的受控制肌肉的收缩运动。拉伸活动应该用来提高紧随拉伸活动之后的运动的效果；也就是说，就如在网球赛开始前你要先挥动网球拍一样。这类拉伸活动能使你的肌肉温度上升。只要不过度冲动地活动关节，动态锻炼就十分安全。另外，在动态锻炼中，尽量避免弹跳运动。

9.3 静态拉伸课程

表9-1 静态拉伸

小腿拉伸	股四头肌拉伸
站在台阶上，右脚掌近拇指跟的球形部分站在台阶边缘。弯曲左膝，并缓慢往下压右脚跟。 **拉伸右腿小腿腓肠肌。** **变换：**往下压右脚跟之后，稍弯曲右膝有助于右脚踝的拉伸。双腿交换动作，重复上述步骤 	双腿伸展俯卧。缓慢地弯曲左膝。轻柔缓慢地用右手去握左脚踝，并将其往身体方向拉。背部挺直。 双腿交换动作，**重复上述步骤。** **拉伸股四头肌。** **变换：**在站立时进行此拉伸动作，可以借助静止物来保持平衡 

续表

腿筋拉伸

双腿伸展仰卧。弯曲左腿往上抬至胸口处，双手握住左大腿，轻轻地把左腿往胸口处拉。

双腿交换动作，重复上述步骤。

拉伸左腿腿筋和右臀屈肌

模拟跳栏拉伸

坐在地上，伸展右腿，用左脚顶住右大腿内侧。轻轻地从臀部开始，整个身体往脚趾方向前倾。

双脚交换动作，重复上述步骤。

拉伸腿筋

臀部拉伸

双膝弯曲仰躺在地上，双脚平放。把右脚踝放在左膝上。双手握住左大腿，并和缓地将左大腿拉向胸口。

双腿交换动作，重复上述步骤。

拉伸臀部伸肌

扭结状拉伸

双腿伸直坐在地上。弯曲左膝，左脚跨过右腿并放在右腿胫部旁，身体往左转，右手肘贴住左膝放在其下方。保持该姿势尽可能往左转动。

双腿交换动作，重复上述步骤。

拉伸臀部外展肌、腰部和髂胫带

续表

蝴蝶式

双腿弯曲坐在地上，双脚脚掌相互贴合。双手分别握住双脚脚踝，和缓地将身体往前倾，保持背部挺直。在这个过程中，不要拉脚踝或用手肘压膝盖。

拉伸臀部内收肌

箭步蹲

双脚并拢，左脚往前跨一大步。弯曲左膝，直到左膝的位置超过左脚踝。和缓地将臀部往前下方压，同时保持背部挺直。

双腿交换动作，重复上述步骤。

拉伸臀部屈肌

蜥蜴式

俯卧在地，双手手掌平放在肩膀正下方的地面上。利用手臂和腰部肌肉力量和缓地抬高上半身，一直往上抬高，直至骨盆完全离开地面。

拉伸腹部

腰部拉伸

仰躺，双膝弯曲放在胸前，双手抱膝（手臂可在小腿上方或下方）。和缓地将双膝尽量拉至胸口。用下巴碰胸口。

拉伸腰部

跪式背部拉伸

双膝分开与肩同宽，跪在地上，坐在脚后跟上。身体向前倾，使胸口贴住大腿。向前伸展手臂过头。尽量向前拉伸手臂和胸部。

拉伸腰部

上半部分背部拉伸

双手交握放在胸前，手掌朝外，手臂向前伸展。对手掌施加力量，直到背部和肩部呈圆弧状。

此动作可站着做，也可坐着做。

拉伸背部和肩部

后肩拉伸

左手臂伸展横放在胸前。用右手轻轻地把左上臂推向胸口。

双臂交换动作，重复上述步骤。

拉伸肩膀

三头肌拉伸

左手臂向上举起，往后弯曲，直到左手掌处于两块肩胛骨中间，左手肘处于左耳上方。用右手轻轻抓住左上臂，并将左手臂拉至脑后。

双臂交换动作，重复上述步骤。

拉伸三头肌

胸部拉伸

双手交握放在腰后，大拇指朝下。

轻轻地将手臂往上提。

该动作站着或坐着都能完成。

拉伸胸部和肩膀

脖子拉伸

双手交握放在背后。转动脖子，使右耳靠近右肩；轻轻地拉动左手臂。

双臂交换动作，重复上述步骤。

拉伸脖子的肌肉

9.4 动态拉伸课程

表 9-2 动态拉伸

颈部拉伸	上、下、停
站立。	双臂放在身侧，站立。
第一步：慢慢把头转向一边。	**第一步**：慢慢把双臂向前上方举。
第二步：慢慢把头转向前方。	**第二步**：慢慢把双臂向下后方拉伸。
第三步：慢慢把头转向另一边。	**第三步**：慢慢把双臂往前、往上、往后拉伸，使手臂划过的范围形成一个圆形。
第四步：慢慢把头转回前方。	
重复上述步骤。不要把头转向后方。	**拉伸肩膀、胸部和背部**
变换：转头到右侧时目光注视右肩，然后慢慢转头到左侧看左肩。重复上述步骤。	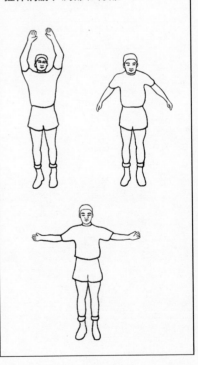
拉伸颈部肌肉	

续表

压肩练习

双臂弯曲站立；双手握拳放在胸前并与胸平行，手肘朝外。

第一步：轻轻地把手肘往后拉，再放松。

第二步：重复第一步。

第三步：慢慢伸展手臂并往后拉。

拉伸胸部和肩膀

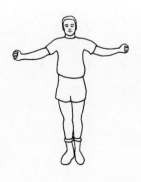

转体练习

双腿盘起坐在地上，双手交握放在脑后。

第一步：慢慢地利用腰部力量向右转动身体，略微停顿。

第二步：慢慢地向左转动身体，略微停顿。

重复上述步骤。

拉伸腹部肌肉和斜肌

脚尖练习

站立，用脚后跟支撑身体重量。活动并伸展双脚和趾头。

变换：保持脚趾向上的状态，用脚后跟走路。

拉伸小腿肌肉及胫的前部分肌肉

四面跃步练习

站立。

第一步：右腿向前跨步，将全身重量分配到两条腿上。向前跨步的那条腿，其膝盖不能超过脚尖与地面的垂直线。

第二步：右腿用力回到原点。换个方向，右腿往右侧跨，重复上述动作；左腿往前、往左侧重复同样的动作。

拉伸腿部肌肉

空间受限时的训练

在本章中，你将学到：

1. 空间和设备受限时能进行的锻炼；

2. 设计一个循环训练练习；

3. 在部署过程中保持饱满的精神状态。

在部署或拓展训练过程中，你可能会遇到无法正常进行常规训练的情况。环境和空间受限的情况可能最具挑战性，但是，一项非常均衡的训练课程应该有这样的特点——即便出现空间和设备受限的情况，该课程也能继续进行。因此，趁这个机会，愉快地加入一些替换性的训练，设计新的常规项目吧。为受限空间设计常规训练的概念，同设计健身中心常规训练的概念相似，你只需再多加入一点创造性的想法就可以了。在设计健身活动时，可以参考第4章、第5章、第7章列出的FITT指南，并尝试本章介绍的一些锻炼方法。

10.1 需氧状况

以下列出的是一些有助于提高自身需氧状况的锻炼，你可以在有限的空间内完成，它们对设备的要求也最小。

（1）慢跑或在合适的地方齐步走。

（2）跳绳或跳爆竹。

（3）爬楼梯，前提是有楼梯或有空间放置有氧踏步板凳（带竖板的塑料台阶）。

10.2 力量训练

除了健美操之外，轻量负重、只要求轻便健身器材（比如弹性管子、哑铃或球）就能进行的力量锻炼，其要求的活动空间可以很小。表10-2列出了上述一些锻炼类型。不考虑使用器材的话，第7章中列出的提高肌肉力量和耐力的一般训练原则和技巧在此仍然适用。参考第8章列出的为健美操锻炼提供的组和重复数的建议，用1个组（8个来回）的强度开始你的运动。同时，把图7-2提到的有助于锻炼每个主要肌肉群的运动方式也考虑在内。

10.2.1 弹性管子和弹性带

图10-1中三个弹性制品宽度和阻力不同（按规定，管子的宽度越小，其能够提供的阻力就越小）。弹性管锻炼的基本原理在于你在锻炼过程中拉伸管子，管子会相应持续地提供一个不断变大的阻力。

阻力会受到以下因素的影响：

（1）变换管子的位置（详见表10-2）；

（2）使用两根管子；

（3）使用一根更粗的管子，或上述三点结合起来进行锻炼。

（a）1.2米的弹性带　　（b）0.3米带泡沫把手的　　（c）可放在门闩处的
　　　　　　　　　　　　　　　弹性管　　　　　　　　　尼龙锚片

图 10-1

请注意，使用两根细管子所能提供的阻力，可能比使用一根粗管子产生的阻力小。通常，弹性管子和弹性带都是1.2米长。买弹性管子时，一定要挑选把手足够大的管子，以便手臂能够穿过把手。在进行不同的锻炼时，你需要不同大小的阻力，因此，最好买一些不同宽度的管子。另外，要定期检查管子的磨损和耐用程度。

10.2.2 充气阻力球

最近，健身中心越来越流行质量轻的充气阻力球（图10-2）。利用这种球进行锻炼，对腹部、腰部、平稳性和拉伸锻炼都有极大的好处。充气阻力球的训练目标是帮助你在运动中保持平衡和稳定，因为充气阻力球不像其他运动器材那样能提供一个稳定的运动过程。

图 10-2

一般的充气阻力球直径为0.5~0.8米。当你坐在一个充满气的阻力球上面时，你的大腿与地板应该是平行的，买充气阻力球时要以此为基准。另外，买球时，你能拿到相关的不同锻炼和常规动作的视频。

使用充气阻力球锻炼有一个弊端，即你可能还需要一个抽气机——如果球始终保持充气状态，会占据很大的储藏空间。

10.2.3 力量训练（练习）

表10-2列出了一些使用阻力管子（阻力带）和充气阻力球进行的锻炼方式。在使用弹性管子时，你可以请一位同伴帮你在运动过程中稳住管子。要确定同伴提着的管子离你的距离正好，高度也合适（并且不会放手）。使用阻力带时，你必须正确地固定它们。表10-1给出了一些固定方法示例。

表 10-1　固定弹性带和弹性管

	1. 把带子放在双脚上方，带子左右两端分别从脚面中间的位置往下绕住双脚，然后从双脚中间将两头的把手提起来。这种绑带方式能在划船锻炼中有效地固定带子
	2.（1）使用30厘米的弹性管；坐下，并把右脚放在中间的位置上。 （2）用管子的右端绕住脚。 （3）拉管子的左端，往上穿过管子环的右端。 （4）抓住管子环的左端，并把它绕到左脚上。这种固定方法在抬升和弯曲腿的锻炼中很有效

表10-2　在受限空间进行的锻炼

背部	**利用带子俯身上拉** 两手分别拉住带子两端。右脚踩在带子中间，左脚往后0.6米。利用腰部力量轻轻往前俯身，肩膀和髋部保持朝前的状态。 **第一步**：将放在大腿两侧的双手往上提，直至你的腰部。该动作应持续2秒、停顿1秒。 **第二步**：用4秒的时间将双手放回大腿两侧。在这个过程中，两手臂的手肘始终贴紧身体两侧。 **锻炼背部和肱二头肌**	
	利用带子下拉 把带子的中间部分固定在头顶上方的一个固定物体上。两手分别抓住带子的两端，面朝固定处，退后0.3米，膝盖跪地。双手手臂伸展举过头顶。 **第一步**：双手下拉至肩膀的高度，放在头的前方，胸部和头保持朝上的姿势。背部始终保持挺直。往下拉手臂时，双肩的肩胛骨往背部中心压。这个过程应持续2秒、停顿1秒。 **第二步**：用4秒的时间恢复到起始位置。 **变换**：为了提供足够的阻力，可能需要用管子环来代替带子	

背部	**利用带子坐式划船** 双腿在地上伸展，双膝稍稍弯曲。将带子的中心位置放在脚底处。 **第一步**：双臂伸展，与胸口平行，双手位置越过膝盖的垂直线，弯曲双手肘将双手拉回胸部两侧。该过程应持续2秒、停顿1秒。 **第二步**：用4秒的时间恢复到起始位置。 **锻炼背部和肱二头肌** 
腰部	**利用球锻炼腰部** 跪在阻力球旁边，胸口顶住球的顶部，双手放在球的前方。伸展双腿，直至只有双脚触碰地面，保持这个姿势往前走，并往后滚动球使其到达臀部位置。把双手放在背后。 **第一步**：挺直背部，身体往上伸展离开球，直到背部得到伸展。 **第二步**：恢复到起始位置。在锻炼过程中，尽量保证球的稳定。该锻炼类似于俯卧在地伸展背部的运动。 **变换**：能在地上进行的所有伸展练习。 **锻炼腰部** 

腹部	**利用带子进行腹肌练习** 将带子的中部固定在头顶上方。跪在固定处往前 0.3 米的位置,两手分别抓住带子两端。双手手掌分别贴住双肩放在肩上。 **第一步**:胸腔往臀部方向压,该动作持续 2 秒、停顿 1 秒,同时臀部和双腿保持不动。 **第二步**:用 4 秒的时间恢复到起始位置	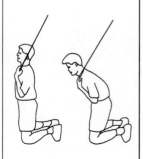
腹部	**用球进行腹肌练习** 坐在球上,双脚慢慢往远离球的方向移动,将背部靠在球上。球和身体的接触面应该在背部中部。将双手放在脑后。 **第一步**:胸腔往臀部方向压。 **第二步**:恢复到起始位置。在锻炼过程中,尽量保持球的平稳。 **变换**:用毛巾代替球放在腰部;用球进行侧身练习,以锻炼斜肌。 **锻炼腹部肌肉**	
胸部	**利用带子进行蝴蝶式扩胸** 左腿伸直,右腿弯曲坐在地面上,右脚贴住左大腿。双手分别握住带子两端的把手。用带子左端绕住左脚跟,调整带子位置,使左手边剩余的带子长为全长的 1/3。背部保持挺直,抬头挺胸,肩膀往后压。将右手放在地面上,靠近右膝盖。	

胸部	伸直左手臂，手肘稍稍弯曲，向前抬至胸口高度。 **第一步**：不要弯曲手肘，慢慢将左手前臂拉伸横过胸口；该动作应用时 2 秒、停顿 1 秒。 **第二步**：用 4 秒的时间恢复到起始位置。在这个过程中，身体和臀部应保持不动。 **变换**：（1）把带子固定在一个与胸口同高的静止物上，站着或跪着练习；（2）仰躺在凳子上，用哑铃练习；（3）做该练习时，请一位同伴推压上臂（人工阻力）。 **锻炼胸部肌肉**	
	利用带子进行斜式推胸 双手分别握住带子两端。右脚站在带子上，左脚穿过带子站在带子前方 0.6 米处。双手手掌向上，双手上举至肩膀高度。 **第一步**：伸展双手臂，往前上方拉伸；双手应在身体前方，并高出前额。该动作应持续 2 秒、停顿 1 秒。 **第二步**：恢复到起始位置。 **变换**：（1）为了使运动提供的阻力更大，可以再使用一根管子，用前面那只脚踩住它；（2）为了减少阻力，可以将管子固定在一个与腰同高的静止物上，往前跨 0.6 米进行上述锻炼。 **锻炼胸部和肩膀肌肉**	

| 胸部 | **利用带子进行胸部推举**

选一把椅背宽度大于肩宽的椅子，将带子按照坐下时肩膀的高度绕住椅背（或用固定装置固定）。保持背部挺直，双肩下沉，抬头挺胸。双手抓住带子两端，并分别放在胸口两侧。

第一步：向前伸直手臂，至胸口的高度，双手臂手肘放松；该动作应持续 2 秒、停顿 1 秒。

第二步：用 4 秒的时间恢复到起始位置。

变换：（1）请一位同伴用双手抓住带子，其双手应与你的肩膀同高，双手间的距离大于你的肩宽；（2）仰躺在凳子上，用哑铃进行练习；（3）请一位同伴给你的双手施加人工阻力。

锻炼胸部肌肉、肩膀肌肉和肱三头肌 | 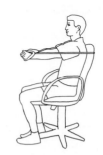 |
| 肱二头肌 | **利用带子进行肱二头肌屈接**

双手分别握住带子两端，左脚站在带子上，右脚跨过带子，站在带子前 0.6 米的位置。

第一步：双手放在身侧，手掌朝上，双手掌抬升至肩膀处，该动作应持续 2 秒、停顿 1 秒。

第二步：恢复到起始位置 |  |

肱二头肌	**变换**：（1）想要增加阻力，你可以再使用一根弹性管（如图所示），用前面那只脚踩住；（2）使用哑铃；（3）请一位同伴在屈接锻炼中往相反方向拉你的下臂。 **锻炼肱二头肌**	
肱三头肌	**利用带子进行肱三头肌拉伸** 双脚分开，与臀部同宽站立，双膝稍稍弯曲。右手抓住带子的一端，将其放在右肩上。这时，右手肘应该贴近头部，带子应该垂直悬吊于背后。 左手由下往上在背后抓住带子的另一端。将左手放在腰后位置。 **锻炼右侧肱三头肌。两手臂交换动作锻炼左侧肱三头肌。** **第一步**：往上伸直右手臂，并越过头顶的高度，左手保持不动，右手肘始终贴近头部，放松右手肘。该动作应持续2秒、停顿1秒。 **第二步**：用4秒的时间恢复到起始位置。 **变换**：（1）如果你有一根很长的弹性管，用左手抓住管子的中部而不是一端；（2）使用哑铃。	 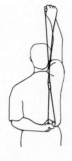

肱三头肌	**利用带子进行肱三头肌后举** 先用双手分别握住带子两端，右脚踩在带子中间位置，左脚往后跨 0.6 米。腰部以上往前稍倾斜，保持双肩朝前。右手放在右大腿上做支撑。左手抬起至臀部左侧，左手肘始终放在身侧（如图所示）。 **第一步：**左下臂往背后伸直，左手肘位置保持不变。该动作应持续 2 秒、停顿 1 秒。 **第二步：**用 4 秒的时间恢复到起始位置。 **变换：**（1）使用哑铃；（2）请一位同伴在上举过程中给你的下臂施加阻力。 **锻炼右侧肱三头肌。用同样的方法锻炼左侧肱三头肌**	 
肩部	**利用带子进行侧平举** 双手分别握住带子两端。双脚踩在带子中间，双脚之间距离与肩同宽，双膝稍稍弯曲。两手臂放在身侧，手肘弯曲呈 90°。 **第一步：**上臂分别朝两侧上举，直到手肘（仍然保持 90°）与肩膀同高，该动作应持续 2 秒、停顿 1 秒。 **第二步：**用 4 秒的时间恢复到起始位置。在抬升过程中手肘始终保持弯曲状态。	

肩部	**变换：**（1）如果想增加阻力，使用两根弹性带子，双脚分别踩在两根带子上，双手握住两条带子的两端；（2）使用哑铃；（3）请一位同伴在抬升过程中给你的上臂施加往下的阻力；（4）手肘始终保持笔直状态，以此增加难度。 **锻炼肩部肌肉**	
	利用带子进行斜方肌拉伸 站在带子中间，双脚分开与肩同宽，双膝稍稍弯曲。将带子的两端于身体前方交叉，两手分别握住交叉后的带子两端。双手手掌朝后。 **第一步：**手臂伸展，双手交握放在身体中心区域，手肘往上往后抬至肩高。这时两手臂应该形成"V"形。该动作应持续2秒、停顿1秒。 **第二步：**用4秒的时间恢复到起始位置。不要在运动过程中弯曲背部。 **变换：**（1）如果你想增加阻力，使用两根弹性管子，两脚分别站在两根管子上（一脚一根），两手分别握住两根管子的两端；（2）使用哑铃。 **锻炼肩部前部肌肉**	 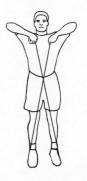

肩部	**利用带子进行反向扩胸** 将带子中心固定在与胸同高的地方。面向固定处，往后退 1.2~1.5 米。双手握住带子的两端。往前伸直手臂至胸口高度，手肘稍稍弯曲。 **第一步：**手肘角度不变，上臂分别从两侧朝外伸展。该动作持续 2 秒、停顿 1 秒。 **第二步：**用 4 秒的时间恢复到起始位置。 **变换：**单膝跪地，弯腰，将胸口贴在另一条腿上，使用哑铃或请一位同伴给上臂施加阻力。 **锻炼肩部后部的肌肉**	
腿部	**利用带子进行腿上举** 将带子固定在静止物上，达到胫部高度。将带子绕住左脚踝，面向固定物方向，往后跨 1 米。双脚并排站立，左脚脚尖点地。用手扶墙做支撑，稍稍弯曲右膝。 **第一步：**左腿保持伸展状态，左脚踝往后拉 0.3~0.6 米。该动作持续 2 秒、停顿 1 秒。 **第二步：**用 4 秒的时间恢复到起始位置。双腿交换动作。 **变换：**（1）如果你想锻炼大腿内侧、外侧及臀部屈肌，改变身体的位置，使你能往前后左右四个方向进行拉伸；（2）躺下，利用脚踝重量进行锻炼。 **锻炼腘绳肌腱和臀部肌肉**	

腿部

利用带子进行箭步蹲

双手握住带子两端。左脚踩在带子中间，右脚穿过带子站在左脚边。双手举至肩膀高度，手掌朝前。带子应在手臂旁边。

第一步：右脚向前跨一大步，背部挺直，挺胸抬头。

第二步：直接蹲下，左膝往下压，直到右膝超过右脚踝。

第三步：将带子向上举。

第四步：蹬右脚恢复到起始位置。交换双脚动作。

变换：（1）如果想增加阻力，可以再使用一根弹性带子踩在前面那只脚下（如图所示）；（2）在第一步中，往左侧或右侧跨步，而不是向前；（3）使用哑铃。

锻炼腿部肌肉

利用带子进行深蹲

双手分别握住两个把手，双脚距离与臀部同宽，分开站立在带子上，双膝稍稍弯曲。双手上举至肩膀高度，手掌朝前。带子应在手臂后面。

第一步：慢慢蹲下；朝前看，双肩朝后压，抬头挺胸。蹲至膝盖超过脚尖垂直线。该动作应持续2秒钟、停顿1秒。

第二步：用4秒的时间恢复到起始位置。

锻炼四头肌及臀肌

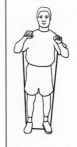

续表

腿部	**利用管子进行俯卧腿弯举** 将管子环的一端缠在右脚上，再把另一端钩在左脚上。俯卧在地，双腿伸展。 **第一步**：左脚跟向上抬至臀部，右膝和臀部平贴在地上保持不动。该动作应持续 2 秒、停顿 1 秒。 **第二步**：用 4 秒的时间放下腿恢复到起始位置。 **锻炼腘绳肌腱**	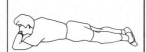 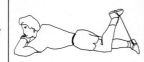
	利用球进行墙面深蹲 找一面平坦的墙，靠墙站立，双脚放在离墙根 0.6 米的位置。双膝间放一个小球。 **第一步**：身体靠墙慢慢往下滑，直到双膝超过双脚，并夹紧双膝中间的球。保持该姿势 10 秒。 **第二步**：恢复到起始位置。 **变换**：双手各握一个哑铃。 **锻炼大腿肌肉**	

10.3 健身设计：循环式训练

　　既然在计划锻炼的过程中，空间、设备器材、时间都是受限制因素，那么对你而言，最有效的锻炼之一就是循环式训练（在第 7 章中有详述）。这类锻炼的基本要点如下。

（1）锻炼的总时间为30~60分钟，30~60秒为1组。

（2）每组的锻炼项目不同；交替性地进行有氧运动和力量锻炼，交替性地锻炼身体上下两部分。

（3）在你的目标心率范围内进行有氧锻炼。

（4）用正确方式进行力量锻炼，使用一个你能上举10~12次的重物。

（5）在锻炼之后做一下拉伸运动。（见第9章）

在设计一个循环式训练课程时，请遵守第4章、第5章、第7章提及的FITT方法指南。循环式训练的具体锻炼方法和时间见表10-3。

表10-3　循环式训练

组	锻炼	时间
	热身	5分钟
1	利用球进行墙面深蹲	60秒
2	俯卧撑	60秒
3	原地慢跑	60秒
4	爬楼梯 / 慢跑	60秒
5	跳爆竹 查心率	60秒 10秒
6	利用带子进行下拉练习	60秒
7	腹肌练习和腰部拉伸	60秒（每个30秒）
8	利用带子进行肱二头肌、屈肌及肱三头肌拉伸	60秒（每个30秒）

续表

组	锻炼	时间
9	跳爆竹	60 秒
10	爬楼梯 / 慢跑	60 秒
11	原地慢跑	60 秒
12	跳爆竹 查心率	60 秒 10 秒
	重复	1~12 组，2~4 次
	降温	5 分钟
	拉伸	5~10 分钟

注：一轮循环式训练包含 7 分钟的有氧训练项目以及一组锻炼每个主要肌肉群的力量训练项目。

10.4 训练时的精神状态

尽管有限的空间可能会限制你的训练选择，消磨你想要训练的热情，但是，你还是需要保持身体上的积极性。停止所有的身体训练会导致肌肉力量和肌耐力迅速退化，使灵活度及身体的有氧情况下降（见第4章）。在训练过程中，有一个方法能提高热情，提高个人对身体训练的参与度——帮忙组织及参与小组竞赛。比如，小型铁人三项（任选三项有氧训练，连续进行比赛，看谁使用的时间最少）以及运动会。

最后，你可能会觉得出去锻炼的最大障碍是时间上的限制。实际上，保持体能水平所需的锻炼时间比增强体能水平所需的时间少。这么做可能并不完美，你可以每周在保持平时锻炼强度的基础上减少锻炼的次数、缩短持续的时间，以保持你的体能水平，而不用按照增强体能水平的标准进行锻炼。每周至少1次1组（1组8~12个来回）以保证每个主要肌肉群都得到锻炼，以及2组在你的目标心率范围内的20分钟有氧锻炼，这样的组合能使你保持现有的体能水平。尽管这有限的训练对你的整体健康并不算完美有效，但是总算好过不进行任何锻炼。记住，当所有的训练都停止时，反锻炼的负面效果很快就会出现（见第4章）。

11

锻炼所需的营养

在本章中，你将学到：

1. 增强耐力和力量表现的饮食习惯；
2. 锻炼恢复的饮食措施。

你的体能表现在很大程度上取决于你的身体锻炼规律与否以及是否遵守健康的饮食习惯。长时间的有氧锻炼以及多次数、高强度的锻炼都特别需要身体能量和水分的平衡。如果锻炼者不能及时地补充锻炼过程中消耗的能量和水分，那么其在以后活动中的表现有可能会受到严重影响。

下面给出的建议适用于每天有规律地进行不少于90分钟有氧锻炼的人，或是一周进行几次多次数、高强度锻炼的人。如果你每天进行锻炼的时间少于1小时，那么以下信息可能并不适用于你。

11.1 碳水化合物需求

在高强度的训练中，你必须增加你的热量摄入量，特别是增加碳水化合物提供的热量摄入量，以便满足你对能量的需求。如果你做不到，可能会导致以下几方面的问题出现：

（1）慢性肌肉疲劳；（2）泄气感；（3）体重和肌肉量减少。

11.1.1 耐力训练所需的碳水化合物

一个碳水化合物摄入量很高的人与一个脂肪摄入量很高的人相比，前者的耐力比后者要高出大约3倍。当一个人的碳水化合物摄入量很低时，几天的严格训练就会消耗肌肉的糖原储存量，并最终会影响其身体表现。在进行耐力训练时，**每日碳水化合物提供的热量应占你每日摄入的总热量的60%~65%**。记录几天饮食日记，看看你的碳水化合物日摄入量是否足够。

工作记录表 11–1　计算你的碳水化合物的日需求（耐力训练所需）

_____ × 0.60=_____ 千卡（每日碳水化合物提供的热量）
你的能量总估值 *

_____ × 0.65=_____ 千卡（每日碳水化合物提供的热量）
你的能量总估值 *

你每天应该从碳水化合物中摄取的热量为 _____ 千卡至 _____ 千卡。

* 你的能量总估值（EER）已在第 1 章的工作记录表 1–2 中得出。
　计算碳水化合物的质量，见工作记录表 2–1。

碳水化合物超量补充（CHO Loading），或者说糖原超量补充，是一种结合饮食和锻炼将更多的碳水化合物（糖原）储存进肌肉的方法。很多耐力运动员都在需要长久耐力的活动中，用这种方法来达到最佳表现。那些根据第3章列出的饮食指南来饮食的人，以及那些根据工作记录表11-1计算得出的碳水化合物摄入量在正常范围内的人，不需要超量补充碳水化合物。

11.1.2 力量训练所需的碳水化合物

力量训练之所以需要碳水化合物，是因为该类锻炼的能量来自肌肉糖原的储存量。碳水化合物提供的能量应该占你每日摄入热量的55%~60%。因为力量训练所消耗的能量总量比耐力活动所消耗的能量总量少，因此，它比耐力活动所需的热量比例要稍低一些（见工作记录表11-1）。

11.2 蛋白质需求

力量运动员和耐力运动员对蛋白质的需求量差不多，都是大约每磅体重需要0.6~0.8克蛋白质。

人体从蛋白质中摄取的热量大约应占每日摄取总热量的10%~15%。因为大多数人摄入的蛋白质总是超过他们的身体所需，所以你的饮食极可能提供了充足的蛋白质。根据下面工作记录表11-2或工作记录表2-2（见第2章）来计算你对蛋白质的需求。

工作记录表 11-2　计算你对蛋白质的需求

体重 =_____ 千克

0.8 克 / 千克 × _____ 千克 =_____ 克（蛋白质）
　　　　　　　　　　体重

1.0 克 / 千克 × _____ 千克 =_____ 克（蛋白质）
　　　　　　　　　　体重

你每日所需蛋白质质量 =_____ 克至 _____ 克。

肌肉 =

20% 蛋白质

+75% 水

+5% 矿物质、乳酸、尿素

　　最常见的"神话"之一高蛋白"神话"，就是摄入高蛋白饮食和蛋白质营养品能使肌肉变得更强壮。很明显，事实并非如此！肌肉所含蛋白质只占20%，其余部分是水、矿物质、乳酸和尿素。另外，过多摄入蛋白质，大部分是通过摄入蛋白质营养品得来的，可能会引起以下一系列问题：

　　（1）对水分的需求增加；

　　（2）对肝脏和肾功能的负担增加；

　　（3）人体必需氨基酸的不平衡；

　　（4）引起腹泻或腹部痉挛。

因为过度摄入蛋白质可能造成上述问题，所以应避免饮用提供过多蛋白质或精选氨基酸的蛋白质粉饮品。营养品价格昂贵，有时还会对你的健康不利，而且它们有时是非常多余的。因而，不妨用这些钱去买一些不同种类的食物，使其能提供一个充分满足你的蛋白质需求的平衡饮食。总之，通过锻炼来增加肌肉吧！

11.3 维生素和矿物质需求

如果你根据食物指导金字塔（见图3-1）来饮食，任何额外的维生素和矿物质需求都能得到满足，尤其是当你增加摄入的水果和蔬菜的量时。因为这些食物含有丰富的维生素和矿物质，还含有抗氧化剂（见第3章表2-2、表2-3及附录A）。含抗氧化剂（见词汇表）的营养物能保护你不受环境刺激的影响，可以加速你在锻炼后的恢复能力。新鲜的水果和蔬菜还能补充人体在长时间疲劳的锻炼中流失的钾元素（见表2-3）。

11.4 水分需求

在锻炼过程中，有规律地喝水和吃含水量高的食物（如新鲜水果）对保持身体的水分及体液状态很重要。如果想了解更多有关水分平衡的内容，请看第2章。以下是对锻炼过程中喝水的一些指导建议。

（1）锻炼开始前2小时喝480毫升（一般约为2杯）水。

（2）锻炼过程中每15~20分钟喝90~120毫升水（相当于半杯）。

（3）在锻炼前和锻炼后称体重。体重每下降0.45千克就要喝450

毫升水来补充。

（4）不要认为只有感觉渴了才要喝水。一旦你感觉渴了，你的身体已经处于脱水状态了。

（5）锻炼1小时内喝水。锻炼超过1小时就要喝运动饮料（含电解质，碳水化合物含量为5%~8%）。

（6）检查你的尿液：尿液应该呈淡黄色，且如厕应比往常频繁。

很多饮料都能补充身体失去的水分，因此，在你进行长时间或高强度锻炼时，可选择一种味道不错、不会引起胃部不适且能快速被人体吸收的、富含电解质（见词汇表）和碳水化合物（5%~8%）的饮料。选择不含咖啡因、不含碳酸盐、不含酒精的饮料来作为补充水分的饮品。

尽管出现体内水分过多的情况相比脱水的情况要少，但如果对这种现象不加处理，人的生命可能会受到威胁。大家都明白，在长时间（超过3小时）高强度的锻炼中，用纯水来补充人体流失的水分会有什么样的现象。需要记住的是，在锻炼中出汗时，身体的水和电解质都流失了，因此，在补充水分时需同时兼顾两者。在喝水的同时，喝些含电解质的饮料（如运动饮料）或食用少量水果（如橘子）来防止体内水分流失过多。在锻炼过程中，因流汗流失的电解质能通过均衡饮食和摄取水果得到补充（见第3章）。

11.5 锻炼恢复所需营养

在长时间运动或剧烈运动结束之后的30分钟内，你至少应摄入50克碳水化合物（大约200千卡热量）。另外，还应在接下去的6小时甚至更长时间内，继续吃富含碳水化合物的食物。这有助于你的肌肉再次储存糖原（碳水化合物），为你的下一次锻炼做好准备。以下列出一些约含50克碳水化合物的食物及各自的分量：

（1）带果酱的圈状硬面包；

（2）带皮的烤土豆；

（3）1.5杯煮熟的甜玉米；

（4）2.5杯玉米片；

（5）4.5杯西瓜；

（6）0.4杯葡萄干；

（7）1.4杯碎谷粒麦片；

（8）1杯烤豆子；

（9）2根香蕉；

（10）1杯煮熟的燕麦；

（11）1杯煮熟的米饭；

（12）2杯橙汁。

不同环境下的训练

在本章中，你将学到：

1. 环境适应问题；

2. 适应新环境的一般指南；

3. 在高热、高寒、高海拔等不同的极端环境中仍能保持良好表现。

适应新环境，比如适应气候或海拔的剧烈变化，对身体条件的要求非常高。身体需要有适当的环境适应能力，以保证其能在新环境中更有效地发挥功能。

12.1 适应不同的环境

适应一个新环境（如高热、高寒、高海拔等）可能需要花费1~3周时间。一个好的身体有氧状况，能帮助你更快地适应新环境。然而，还有一些不利因素会影响你对新环境的适应：

（1）脱水；

（2）饮酒；

（3）不进行身体锻炼；

（4）电解质耗尽；

（5）能量摄入不足；

（6）生病；

（7）受感染；

（8）受伤；

（9）缺乏睡眠。

以下列出了在不同气候中所需的营养物质和身体活动的一般指南，并简要概述了温度和海拔对人体新陈代谢的影响。

12.2 常见营养问题

适应恶劣的环境会增加身体能量的消耗和水分的流失。如果能量和水分需求不能得到满足，那么身体的表现水平也会下降。如果你对自身的营养需求方面有些疑惑，那么就去找一位营养学家进行咨询吧。以下列出的是保持身体能量和水分平衡的策略。

12.2.1 满足能量需求

（1）选择富含碳水化合物的食谱（保证碳水化合物提供的热量大约占你每日总热量的60%）来满足身体对更多热量的需求。

（2）减少脂肪摄入量，将脂肪提供的热量减少到你每日总热量的30%以下。

（3）保证摄入的蛋白质提供的能量大约占你每日总热量的10%。另外，避免食用氨基酸和蛋白质营养品（见第2章）。

（4）少量多餐。

12.2.2 满足水分需求

为了避免脱水现象（见第2章）的发生，保持身体水分平衡很重要。脱水会影响身体表现，严重的脱水可能会造成生命危险。保持水分平衡的注意事项如下。

（1）查看身体所含水分情况（见第11章）。

（2）在长时间身体锻炼之前和之后各测一次体重，通过体重差值来查看身体的水分情况。体重每减轻0.45千克就喝2杯水（0.45升）。

（3）不能用口渴程度来衡量身体水分情况。在一天中要有规律地喝水。如果在高热的环境下工作或锻炼，1小时喝水不要超过6杯。

（4）当锻炼或工作超过60分钟时，用水分补充饮料如运动饮料之类的饮品，代替水补充身体流失的水分（见第11章"水分需求"）。

（5）避免饮用含酒精的饮料：酒精饮料会增加水分流失。

（6）减少咖啡因的摄入：咖啡因会增加水分流失。

（7）避免进食带盐分的食物：盐分会增加水分流失。

12.3 身体锻炼须知

在极度恶劣的环境中健身和锻炼一般要考虑的内容包括：

（1）起初两个星期，做好身体表现变差的准备。

（2）提前制订锻炼计划，避免在一天中最热或最冷的时间锻炼，并为热身提供充足的时间。

（3）摄入足量的水分和足量的热量，来补充所消耗的水分、碳水化合物和电解质。

（4）提前注意可能会使你身体脱水的情况（如腹泻、呕吐、发烧）。另外，避免食用可能导致脱水的食物或饮品，如含咖啡因或酒精的饮料。

12.4 高温环境

当空气温度超过27℃，湿度超过60%时，锻炼可在室内进行，或者应比平时更加小心。若在温度很高时进行锻炼，无论何时，你身体中的大量水分和矿物质都会随着汗液流失。尽管高温可能会抑制人的食欲，但人体依然需要摄入足够的热量。为了保持正常体温，身体对能量的需求会上升10%。

如果你的锻炼水平整体降低了，就不需要再摄入额外的热量。

12.5 低温环境

当空气温度在10℃以下，风速大于40千米/时，或水温在18℃以下时，就能称该环境为高寒环境（低温环境）了。高寒环境能加速能量代谢和排尿频率。

如果士兵在高寒环境中连续野外演习2~3周，他们的体重会很快下降。这种方式造成的体重下降很可能会引发身体疲劳感并影响其表现水平，因此，士兵必须增加能量摄入，以满足身体对额外能量的需求。在高寒环境中，能量需求可提高25%~50%。为了满足身体对能量和水分的额外需求，请遵守第11章的"水分需求"。另外，身体对维生素和矿物质的需求也可能相应增加，为了满足这些需求，应将所有的配给食物都吃完。

12.6 高海拔

海拔高的地方可能会因为气温低、湿度低及缺氧现象，引发一系列的生理不适。人们主要的担心就在于体重下降、消化紊乱、对营养和水分的需求增加及急性高山病（AMS）。在海拔高的地方，充足的营养对于保持人体健康和良好表现非常重要。

与人体在海平面高度对能量的需求相比，高海拔地区对能量的需求要高出15%~50%。实际上，每个去高海拔地区的人都会经历体重下降及肌肉松弛等现象。在海拔5000米以下时，只要增加能量摄入就能防止体重下降。但是，在海拔5000米以上的地区，体重下降是无可避免的。为了能在高海拔条件下满足身体对额外能量和水分的需求，请遵照本章节指南。

在高海拔地区，身体对维生素和矿物质的需求也可能会增加。尤其是身体代谢率的加快和缺氧环境，会加速对身体有害的自由基的产生。有研究表明，在高海拔地区，每天摄入400个国际单位的维生素E（一种抗氧化剂）能减少自由基的繁殖。

根据本章所述，在恶劣的环境条件下，满足身体对能量和水分的需求，对保持身体健康和良好表现来说至关重要。在部署之前保持身体健康、饮食健康，将最大限度地提高你对新环境的适应能力。

训练时的过度损伤

在本章中，你将学到：

1. 损伤的处理方式及预防措施；

2. 何时应寻求医疗护理；

3. 恢复活动；

4. 过度训练的症状。

　　身体训练的危险之一就是受伤。意外受伤或因过度使用导致肌肉损伤，则可能意味着工作日没法出勤、被迫休息及持续几天甚至几周的伤痛。本章旨在让你了解一些可能会出现的受伤情况，以便你在需要时去寻求适当的帮助，而不只是教你如何自己处理受伤情况。

13.1 损伤的处理方式及预防措施

在进行身体训练时，可能会产生各种各样的损伤。表13-1简单
描述了一些急性损伤、过度损伤及其各自的处理方式和预防措施。

不论是哪种损伤，其处理的重心都应放在控制炎症及让关节快
速恢复到原来的灵活度上，以便受伤者可以正常进行日常活动。

表13-1 损伤的类型、处理方式及预防措施

损伤的类型	处理方式	预防措施
迟发性肌肉酸痛 在训练之后12~72小时及更久时间内，萎缩部分的肌肉产生痛感	冰块、拉伸、热身。不要使用非甾体抗炎药	肌肉适应训练之后会消除；缓慢增加训练强度
挫伤 因为直接的重击，肌肉、腱或骨头等出现肿胀、流血（擦伤的情况下）的现象	冰块	戴上保护装置
肌肉痉挛 肌肉因长时间的活动、高温或高湿、脱水、身体弱等原因出现痛感	补充水分（见第2章），拉伸，用冰块按摩	给肌肉一点时间来适应训练和气候；多喝水
骨折 骨折或骨头碎裂	寻求医疗帮助	使用保护装置；修复

损伤的类型	处理方式	预防措施
应力性骨折 因过度压力或过度使用而引起骨头疼痛、骨质变弱	寻求医疗帮助	减少高强度活动，进行多项训练，使用适当的保护装备，缓慢地增加训练强度
扭伤 韧带（连接骨头的组织）的急性损伤或过度损伤	RICE* 寻求医疗帮助	遵照医疗建议；缓慢地增加训练强度，使用合适的保护装备
扭伤，腱炎 肌肉或肌腱（连接肌肉和骨头的组织）的急性损伤或过度损伤	RICE 寻求医疗帮助	参考上一种做法
热损伤（痉挛、极度疲劳、中暑） 因脱水和电解质耗尽而引起的肌肉收缩疼痛、作呕、疲劳、发烧、眩晕等；体温高于40℃会导致生命器官受损，甚至导致死亡	将病人放置在阴凉处，给其补充水分 寻求医疗帮助	适应环境，避免在温度过高的地方锻炼，避免摄入易引起脱水现象的物质（见第12章），保持体内水分充足（见第2章）
冷损伤（体温过低、冻伤、战壕足病） 体温低于35℃引起的颤抖、胡言乱语、行为笨拙、身体暴露部分冻僵等现象	用干燥的毯子轻轻地将病人与另一位温度适中的人放在一起	穿戴适当的保护装备，保持干燥，避免在温度过低的环境中锻炼，保持体内水分充足（见第2章）

* RICE 指的是休息、冰块、压紧、抬高。

为了加速痊愈，你必须先减缓炎症的症状。相应的处理方式包括：

RICE= 休息 + 冰块 + 压紧 + 抬高

（1）休息：受伤的手臂或腿不要负重，使用拐杖来帮助行走。

（2）冰块：尽可能快地使用冰块，将冰块包在袋子或毛巾里，敷在受伤的地方。受伤第一天，每2小时敷冰块20分钟，之后一天3次，直到肿胀消失。一次敷冰块不要超过20分钟。不要直接将冰块放在皮肤上或伤口处。

（3）压紧：将伤口包扎好，持续2~4小时。除非有医嘱，否则不要在包扎带还绑在伤口上时睡觉。

（4）抬高：将受伤处放在心脏水平线以上，借助重力作用减轻肿胀。

何时寻求医疗护理？需要马上寻求医疗护理的情况包括：麻痹、疑似骨折、关节错位、造成跛行的髋痛、造成三天活动不便的疼痛、延伸至腿脚痛的背痛及导致无法负重的下肢受伤。

13.2 恢复活动

在伤痛和肿胀消退，全身又能自如活动之后，请你的内科医生或理疗医师以使你的身体全面恢复为目的，为你设计一个康复锻炼课程。应针对受伤的部位和类型设置康复锻炼课程。

13.3 过度训练的症状

过度训练会对身体表现和心理表现造成不利的影响。另外，过度训练还会增加受伤的可能性。过度训练正是其字面意思所表现的那样，即**过多的身体活动**。

过度训练的症状有很多（见表13–2）。过度训练一般与耐力运动联系在一起，比如游泳或跑步。进行多项训练、休息、减少一些特定的身体活动的时间等，都能减少或防止过度训练症状的出现。不顾表13–2中出现的症状继续训练的人，只会让自己的过度训练症状更明显，让自己的表现力继续下降，甚至还会加大自己受伤的风险。

表 13–2　过度训练的症状

> （1）表现力下降。
>
> （2）难以做决定。
>
> （3）长期疲劳。
>
> （4）缺乏积极性。
>
> （5）情绪不稳定。
>
> （6）感觉沮丧。
>
> （7）晨起心率加快。
>
> （8）感觉疲惫或精疲力竭。
>
> （9）难以集中注意力。
>
> （10）生气、易怒。
>
> （11）肌肉酸痛。
>
> （12）注意力越来越分散。
>
> （13）难以安睡

年龄与体能训练

在本章中，你将学到：

1. 新陈代谢及身体构成中与年龄有关的变化；

2. 对抗身体表现中与体能相关的变化。

　　大部分人将年龄增长与体重增加、身体变得孱弱及无法再进行年轻时所进行的活动等联系在一起。其实，上述情况大部分是由于缺乏运动造成的，而不是由于年龄的增长造成的。尽管随着年龄的增长，生理上会出现一些不可避免的变化，但这些变化的程度是可以通过均衡合理的饮食及锻炼加以控制的。

14.1 新陈代谢及身体构成的变化

随着年龄的增长，在成年时期保持合适的体重和体脂比是保持健康的关键所在。这看上去往往是说着容易、做到难，因为随着年龄的增长，基础代谢率（BMR，见第1章）会相应下降。

随着年龄的增加，基础代谢率会逐渐下降，可能产生这样的结果：每过10年，身体每天对能量的需求减少100千卡。

摘自《托弗斯大学健康与营养信》

随着年龄的增加，肌肉也开始消失，这是基础代谢率下降的直接原因。肌肉的代谢很活跃，这意味着身体每天都需要一定量的热量来使肌肉保持现状。一般而言，人们在35岁之后，肌肉就开始一点一点消失。这会导致身体的新陈代谢需求变少，身体对能量的总需求变少。然而，随着年龄的增长，身体减少的肌肉量取决于你所进行的身体活动的多少，尤其是取决于需要肌肉力量的活动，比如力量训练。如果你进行力量训练，你就能保持肌肉存在，甚至还有可能增加身体的肌肉含量，你的基础代谢率也会有10%~15%的增长幅度。

不仅是身体的肌肉含量下降，不活动也能导致身体脂肪含量增加。如第1章能量平衡等式所表明的那样，如果身体摄入的热量大于身体活动消耗的热量，身体脂肪含量就会增加。在身体脂肪增加的同时，身体肌肉的含量减少，这种现象会导致身体质量指数（BMI）下降，也会增加罹患心脏疾病和血液细胞疾病、肥胖症、糖尿病和其他病症的危险（见第1章）。

一些消耗能量的途径——要么是通过改变基础代谢率，要么是通过改变身体活动水平来实现——都需要改变热量摄入来保持净能量的平衡，即摄入与消耗的能量等值，并让你保持现有体重。因此，结合均衡的营养饮食和规律的身体运动，能使你保持健康的体重和身体构成，并让你在年龄增长的同时依旧保持体能的活力。

14.2 营养需求

饮食指南及食物指导金字塔（详见第3章）被人们视作教育2周岁以上美国人的工具，其制定目的是让人们了解一些基本的营养信息。因此，为了保证营养摄入充分，你应该认真遵照这些方法和指南来安排自己的饮食。其中很重要的一点在于，尽管基础代谢率会因为年龄的增长而下降，并且这种现象会导致人体每天对能量的需求变少，但是你的身体对维生素、矿物质、蛋白质等营养物质的需求不会因为年龄的增长而下降（见第2章）。因此，为了满足这种变化和挑战，选择正确的食物至关重要。我们有一些建议能帮助你在不用摄入额外热量的情况下满足身体对营养的需求，比如，遵照5A的一天（每天至少吃5种水果和蔬菜）及摄入营养密集型食物等方法（见第3章和附录A）。

14.3 对抗与年龄相关的体能健康变化

曾听到过一句俗语："用则进，不用则废。"从身体的体能健康方面来看，此话不假。不管是肌肉力量还是身体的有氧耐力，如果你不坚持运动，随着年龄的增加，你就没法保持足够的肌肉含量或心脏适应能力来帮助你达到顶峰的表现状态（见第4章"锻炼和反锻炼"）。尽管年龄的增大会使身体的体能水平下降，但是，如果你能有规律地进行锻炼，下降的部分还是能被抵消的。因此，年龄本身并不会使你的身体表现急速下降。

表14-1列出的是与年龄相关的身体健康方面的变化。

表14-1　与年龄相关的身体健康方面的变化

体能要素	与年龄相关的典型变化	解决措施
有氧能力	30岁之后，每10年以5%~15%的幅度下降	有规律地进行有氧锻炼，并努力保持锻炼强度（见第4、5、6章）
肌肉力量	肌肉含量及力量的下降	有规律地进行力量锻炼，并且训练效果应以你的锻炼强度为基准（见第4、7、8、10章及附录B）
灵活性	关节的活动范围变小	有规律地进行拉伸锻炼以保持关节活动范围，防止受伤。在拉伸锻炼前进行热身运动（见第4、9章）
厌氧能力	厌氧能力下降的幅度比身体有氧能力下降的幅度更大	如果你想保持绩效性活动的能力或参加竞技比赛，那么还应在有氧锻炼的基础上进行速度练习（见第4、5章）

随着年龄的增加，你需要考虑的其他体能健康问题包括：

1. 热身及降温

你需要花更长的时间进行锻炼前的热身及锻炼后的降温活动，以保证身体能更好地适应热身之后的锻炼，减少受伤的危险——当你在进行繁重的锻炼（见第4章）时更应如此。

2. 从锻炼中恢复

你要给身体更长的恢复时间，以使其从繁重的锻炼和比赛中恢复过来。事实上，可能在意识到自己的身体表现下降之前，你就已经发现了这个现象。给身体充足的恢复时间，意味着在繁重的锻炼之后应该给身体放个假，多休息几天或进行几天的轻量锻炼。另外，应该给身体充分的时间去适应锻炼中的增量，并注意过度训练的预兆（见第13章）。

3. 从受伤中恢复

和从繁重的锻炼中恢复一样，你可能需要花费更多的时间让身体从训练损伤中恢复过来。耐心一点，给自己充足的时间让身体痊愈。这能帮助你避免今后再次受伤（见第13章）。

4. 多项训练

没有哪一种锻炼能够抵消上述健康及体能方面出现的所有变化。然而，进行多项训练或者说一周内不断变换锻炼类型，却能解决上述的很多问题（见第5章）。进行多项训练能够让你在因高强度的锻炼需要恢复体力或因负重锻炼需要休息的同时，提高并保持你身体的有氧条件。进行多项训练能帮助你避免过度训练，使你免受过度损伤之苦（见第13章），同时又能让你保持身体的活动性。因此，如果你并没有进行多项训练，那么可以考虑将进行多项训练作为常规训练方式加入你的锻炼课程。

　　随着年龄的增长，你的责任、兴趣、空余时间的活动以及活动水平都可能影响你的身体活动性大小。然而，你需要记住的是，久坐或不活动的生活方式，加上不良的饮食习惯，会增加罹患肥胖症、心脏疾病、中风、糖尿病、癌症、高血压及骨质疏松等疾病的风险。采用均衡的饮食和养成良好的锻炼习惯（越早越好）能帮助你减少罹患上述病症的风险。

培养健康习惯

在本章中，你将学到：

1. 设立 SMART 目标；

2. 如何达到目标；

3. 评估过程；

4. 保持积极，克服挫折。

为了强化身体的良好表现并追求更健康的生活方式，培养好习惯不仅对自己来说有好处，从专业角度看也是利大于弊。结合前几章的内容，你可以自己设立目标，培养健康的习惯并努力达到自己的目的。例如，如果你的目标是提高心血管健康水平，那么可参考第4章、第5章、第6章及第11章的内容，并以此设计你的活动计划。记住，增强身体表现能力和健康的行之有效的计划，应同时包括均衡的饮食及适当的身体训练。

培养和保持健康习惯的过程很具有挑战性。这是一个缓慢发展的过程，需要承诺、努力以及坚持不懈的态度。坚持好习惯的结果最终会令人欣喜：你在工作中的表现能力增强了，你的体型变好了，罹患与年龄相关的慢性疾病的风险也降低了。任何人都会老，但你现在做的事会使你受益一生。

15.1 设立 SMART 目标

你在慢慢改变及培养健康习惯的同时，其实已经在积极地掌握自己的健康状况了。那么，就从设立SMART目标开始，一步一步达到你的健康和体能目标吧。SMART指的是确切的（Specific）、可测量的（Measurable）、要求有行动的（Active）、实际可行的（Realistic）、有时限的（Timed）目标。一个SMART目标应该包括以下几个方面：

1. 确切的

目标越确切、越详细，你计划常规锻炼以达到目标的过程就越简单。如果你有一个大概的目标，将关注点放在一个确切的范围内。例如，把"我想增加跑步长度"改成"我要增加800米的跑步长度"。又如，将"我想增加饮食中纤维的摄入量"改成"今后我每天吃的水果和蔬菜都各多加1份的量"。

2. 可测量的

你制定的确切目标应该是便于测量的，因此，你可以将过程制成表格。比如在上述跑步的例子中，你能够轻松地测量出跑步的路程，方便你判断是否达到了目标。而在纤维的例子中，你同样能够记录水果和蔬菜的摄入（见附录A）。

3. 要求有行动的

在定义一个确切的目标时，具体说明你必须完成哪些活动来达到目标。这就是你为达到目标所制订的计划。例如，"我将每2周增加800米的跑步路程，直到我能够连续多跑1600米"。

4. 实际可行的

你对自己所期望达到的目标要抱有现实的态度。为了使自己始终保持积极的态度并专注于自己的行动，在制定大的或长期的目标之后，要将其分成一些小的、更容易控制的目标。例如，先接受跑5000米的训练并进行比赛，之后再将距离增加为1万米。

5. 有时限的

时间限制会给短期目标和活动计划提供方向，以达到长期目标和目的。比如上面提到的跑步例子中，2周是一个时间限制，这段时期内跑步路程要增加800米，而2个月是长期的时间限制，这段时间内跑步路程要增加1英里（1英里≈1.61千米）。

表15–1列出了一些营养及体能方面的目标，以帮助你确定自己的目标，设计并设定前文中提到的SMART目标。

表15–1 营养及体能方面的一些目标

一般的营养目标	一般的体能目标
☐ 在购买食物时研究食物标签 ☐ 根据食物的建议份数及用量大小食用 ☐ 每天摄入一定用量的水果和蔬菜 ☐ 食用富含钙元素的食物 ☐ 遵照饮食指南 ☐ 饮用足量的水来保持身体水分平衡 ☐ 多摄入膳食纤维 ☐ 减少饱和脂肪酸及胆固醇摄入 ☐ 其他：_____	☐ 健康益处（胆固醇含量更低、血压更低） ☐ 提高/保持心脏和肺部（心血管的）健康 ☐ 提高/保持肌肉力量 ☐ 提高对体能有要求的工作中的表现 ☐ 保持健康体重和身体脂肪含量 ☐ 提高/保持灵活性 ☐ 强健骨骼 ☐ 塑造体型 ☐ 其他：_____

15.2 如何达到目标

你设定的目标越确切、越实际可行，你依照计划行事培养习惯的目标就越容易达成。大多数时候，计划总赶不上变化，你要估计到可能出现的变化，然后结合你想达到的最终目标重新制订一个计划。接下来，将计划付诸每日的锻炼实践。刚开始时，你需要有意识地努力遵守计划，但是在这段有意识的努力之后，这些计划会慢慢成为你的新习惯。表15–2列出的一些注意点、步骤和行动将帮助你达成目标。

（1）从选择一个你认为很容易达到的目标开始。

（2）一次只针对一个目标努力。

（3）如果你觉得很难达成这个目标，重新审视你的计划，之后改变策略。

表 15–2　帮助你达成 SMART 目标的步骤和行动

步骤	行动
培养	培养并发展一个由能给你鼓劲的朋友、家人或同事组成的支持团队
做	把变化放在首位；抽出时间；牢记你下班之后的行程是由自己控制的
创造	创造一个行动计划，这应该是一个适合你的、能够激励你的、符合你的进度表的计划
监视	使用附录 A 与附录 B 的记录表时刻监视自己的进程

步骤	行动
奖励	当你达成一个目标时，适当奖励自己
用	要有长远的目光；牢记健康的习惯能大大提高你在年龄增长后的生活质量

15.3 保持健康的习惯

一旦你的"新"习惯变成你日常生活的一部分，并且你在执行这些习惯时已毫不费力，那么你就已经是在"保持"这个习惯，而不再是"培养"这个习惯。在你的日常生活出现特殊状况时（比如假期或生病），保持健康的习惯本身就是一种挑战。因此，在面对这些挫折或状况时，你怎样才能仍然保持常规状态呢？

（1）预见并努力避免挫折或不安。

（2）提前做好准备，以面对进度表中可能出现的这些间断（例如假期）。

（3）激励自己，在事情"恢复原状"时，重新开始常规练习。例如，在度假之前给你的健身伙伴20美元，让他代替你锻炼，直到你重新开始锻炼。

（4）如果你为达到自己的目标一直坚持努力，就奖励一下自己。奖励应该和达成的目标相适应（最好是非食品的奖励）。例如，你每做完一次健身就在储蓄罐里放1美元，如此坚持一个月，用这些钱去买一个新的锻炼器材或一张你最中意的赛事票。

（5）逐渐加强的体能会使你的自信大增，这才是最强大的鼓励因子。

最后，你对健康及与健康饮食习惯和常规锻炼相关的体能好处的理解，对于保持健康的生活方式和身体表现来说至关重要。我们希望这份指南提供的信息能够激励你将健康营养及体能实践作为参考，以提高自己的健康水平。

附录 A

健康食物选择的一些建议

逐渐改变你的饮食习惯。健康饮食需要你将一生作为考虑范围，全面、聪明地选择食物。偶尔选择不怎么富有营养的食物并不意味着你的饮食就是不好的，关键是要将这些食物作为你饮食中的例外选择，而不要将其作为一般规则。

表 A–1 更健康的食物选择

种类	尝试	代替
谷物	整谷粒和面食，如糙米	漂白的或经过加工的食品
	烹饪面食，如菜泡饭	烹饪面食，混有黄油的稀饭
蔬菜水果	低脂肪含量或零脂肪含量的沙拉调料或油醋沙拉	奶油沙拉调料
	经药草和柠檬（或酸橙汁）浸泡过的蔬菜	加了黄油的蔬菜
肉类	加拿大培根或火腿	培根
	火鸡、瘦牛肉或瘦红肉	牛肉
	2 个蛋白	1 个鸡蛋
	猪肉或鱼肉	肥瘦相间的红肉
	蒸煮或烤的烹饪方式	油炸
奶制品	低脂肪或零脂肪含量的酸奶油，干酪（打成糊状，柔滑香甜）或酸奶	酸奶油
	脱脂牛奶	全脂牛奶或非奶制品乳脂

种类	尝试	代替
奶制品	低脂肪芝士	芝士
脂肪	烧烤用苹果酱	油（1:1 的比例替换）
	酒或原汤底酱料	奶油和黄油
	油菜籽油、橄榄油、红花油	动物脂肪油、椰油和棕榈油
	可可粉	巧克力
	喷雾式黄油或人造黄油	黄油

5A 的一天挑战

以下这些建议可以帮助你增加每天水果和蔬菜的摄入量，以满足5A的需求（份数及用量大小参见表3-1）：

（1）早餐时吃水果或喝水果汁。

（2）一天中，将水果和蔬菜（尤其是一口大小的用量，比如小胡萝卜或果脯）作为零食。

（3）午餐和晚餐时吃一份或多份蔬菜。

（4）至少吃一种富含维生素A的水果或蔬菜。推荐的食物有：杏、甜瓜、胡萝卜、杧果、番木瓜、南瓜、菠菜、番薯、生菜、芥蓝、冬瓜、羽衣甘蓝、宽叶羽衣甘蓝。

（5）至少吃一种富含维生素C的水果或蔬菜。推荐的食物有：柑橘、葡萄柚、猕猴桃、杏、菠萝、甜瓜、草莓、西红柿、杧果、李子、菜花、甘蓝、胡椒、宽叶羽衣甘蓝。

（6）至少吃一种富含纤维的水果或蔬菜。推荐的食物有：苹果、香蕉、无花果、西梅脯、樱桃、猕猴桃、柑橘、枣、梨、熟豆子（菜豆、斑豆、黑豆、小扁豆）、黑眼豌豆、豌豆、胡萝卜、马铃薯、玉米。

（7）至少吃一种十字花科的蔬菜（洋白菜一类）。推荐的食物有：菜花、甘蓝、白菜、红色和绿色卷心菜、羽衣甘蓝、芜菁。

牢记：每天至少吃 5 种水果和蔬菜，摄入的水果和蔬菜的种类越多越好！

工作记录表 A–1　营养记录指南

食物组	日期：＿＿	日期：＿＿	日期：＿＿	日期：＿＿
谷类植物 6~11 份	○○○○ ○○○○ ○○○	○○○○ ○○○○ ○○○	○○○○ ○○○○ ○○○	○○○○ ○○○○ ○○○
水果 2~4 份	○○○○	○○○○	○○○○	○○○○
蔬菜 3~5 份	○○○○ ○	○○○○ ○	○○○○ ○	○○○○ ○
肉类及肉类代替物 2~3 份	○○○	○○○	○○○	○○○
奶制品 2~3 份	○○○	○○○	○○○	○○○
脂肪、油类及糖类	有节制地食用			

注意：建议份数及用量大小数值参考第 3 章。用该表格来记录一天摄入的每种
　　　食物的份数及用量。1 个圆圈相当于 1 份。

附录 B

锻炼样本

以下介绍的是一个锻炼心血管及肌肉力量的普通方法。你可以根据第5章和第7章提供的指南，任意更替或加入其他锻炼方式。运用工作记录表 B-1 和工作记录表 B-2 来设计你的锻炼方式，并用表格记录你的训练过程。

表 B-1　锻炼样本

顺序	活动	频率	强度	时间
热身	—	锻炼前	最高心率的 50%	5分钟
有氧运动	走路、跑步、游泳等	每周 3~7 天	最高心率的 60%~75%	30~60 分钟
降温	—	锻炼后	每分钟脉搏 100 次	5分钟
力量	—	每周 3 天（周一、周三、周五或周二、周四、周六）	2 组，每组 12 个来回	20~45 分钟
腿部	深蹲			
	腿弯举			
胸部	胸部推举			
背部	坐式划船			

顺序	活动	频率	强度	时间
肩部	坐式侧平举			
肱三头肌	肱三头肌拉伸			
肱二头肌	肱二头肌弯举			
腰部	腰部拉伸			
腹部	腹肌练习			
	侧腹肌练习			
拉伸		每周 3~7 天	30 秒 ×2	10 分钟
	肱四头肌拉伸			
	腘绳肌腱拉伸			
	扭结状拉伸			
	蝴蝶状拉伸			
	胸部拉伸			
	背部拉伸			
	摇摆拉伸			
	蜥蜴式拉伸			

注意：该锻炼的持续时间取决于实际选择的锻炼方式的数量及有氧锻炼的时间。选择适合你的体能水平的锻炼方式，并按相应的时间和锻炼方式的数量进行锻炼，并随着体能水平的增加进行调整。

工作记录表 B-1　有氧锻炼记录表

日期							
类型							
心率							
时间							
评价							
日期							
类型							
心率							
时间							
评价							
日期							
类型							
心率							
时间							
评价							
日期							
类型							
心率							
时间							
评价							

在"类型"一栏中，列出你已进行的锻炼方式（即跑步、走路）。在"评价"一栏中，记录你锻炼时的感受，如你的劳累程度（从劳累度等级 6~20 中选择一个），或者其他用来记录锻炼进程的计算方式。

工作记录表 B–2　力量锻炼记录表

锻炼		日期： —— 组 × 来回 / 重量	日期： —— 组 × 来回 / 重量	日期： —— 组 × 来回 / 重量	日期： —— 组 × 来回 / 重量	日期： —— 组 × 来回 / 重量	日期： —— 组 × 来回 / 重量	日期： —— 组 × 来回 / 重量
胸部	——	/	/	/	/	/	/	/
	——	/	/	/	/	/	/	/
	——	/	/	/	/	/	/	/
	——	/	/	/	/	/	/	/
背部	——	/	/	/	/	/	/	/
	——	/	/	/	/	/	/	/
	——	/	/	/	/	/	/	/
	——	/	/	/	/	/	/	/
肩部和手臂	——	/	/	/	/	/	/	/
	——	/	/	/	/	/	/	/
	——	/	/	/	/	/	/	/
	——	/	/	/	/	/	/	/

续表

锻炼		日期： —— 组 × 来回 / 重量	日期： —— 组 × 来回 / 重量	日期： —— 组 × 来回 / 重量	日期： —— 组 × 来回 / 重量	日期： —— 组 × 来回 / 重量	日期： —— 组 × 来回 / 重量	日期： —— 组 × 来回 / 重量
腿部	——	/	/	/	/	/	/	/
	——	/	/	/	/	/	/	/
	——	/	/	/	/	/	/	/
	——	/	/	/	/	/	/	/
腰部和腹部	——	/	/	/	/	/	/	/
	——	/	/	/	/	/	/	/
	——	/	/	/	/	/	/	/
	——	/	/	/	/	/	/	/
记得拉伸！								

力量训练指南请参考第 7 章。

附录 C

各部位力量锻炼课程

表 C-1　腿部锻炼课程

深蹲

将杠铃横放在肩膀上，不要直接放在脖子上。抬头挺胸，背部挺直，双脚分开稍大于肩宽，脚尖朝外。背部与地面呈直角。

第一步： 慢慢蹲下，直到膝盖超过脚尖与垂直线，但不要弯曲到大腿与地面平行的程度。吸气下蹲。

第二步： 恢复到起始位置，呼气站起。

变换： 3/4 深蹲是指慢慢蹲下，直到膝盖呈 120°（正常深蹲的一半）。恢复到起始位置。

该运动锻炼股四头肌、腘绳肌腱、臀肌和小腿

箭步蹲

双脚分开与肩同宽，杠铃横放在肩膀后部。

第一步： 一条腿往前跨一大步。

第二步： 直接蹲下，直到前跨的腿的大腿与地面平行。箭步蹲时吸气。前跨的腿的膝盖弯曲不要超过该脚的脚尖垂直线。

第三步： 起立。

第四步： 双腿恢复至起始位置，起立时呼气。换另一条腿重复上述动作。

变换： 走路时的箭步蹲——走路时双腿交换着进行箭步蹲。

该运动锻炼腘绳肌腱、股四头肌、臀肌及腓肌；也可在身侧放哑铃

续表

腿部拉伸

坐在健身器材上，双脚放在脚垫下，轻握把手做支撑。

第一步：双脚弯曲，慢慢用双脚举起重物直到双腿伸展开来，不要固定膝盖。伸展腿部时呼气。始终保持该动作，不要弹回重量物。

第二步：慢慢恢复到起始位置，同时吸气。不要让重物落下。

该运动锻炼股四头肌

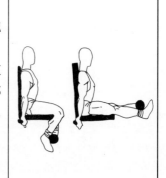

腿部推蹬

仰躺在支撑垫上，臀部和背部贴住支撑板。

第一步：慢慢降低平台，直到膝盖呈90°。下降时吸气。

第二步：恢复到起始位置，举起平台时呼气。不要固定双膝。

该运动锻炼股四头肌和腘绳肌腱

站立直腿提踵

将双肩放在健身机器的垫肩下，脚掌放在放脚处。

第一步：双膝稍稍弯曲，站直，踮脚往上提到极限，同时脚掌始终与健身机器保持接触。踮脚时呼气。

第二步：恢复到起始位置，身体往下时吸气。不要固定双膝。

该运动锻炼小腿肌肉

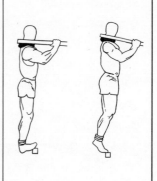

续表

坐式直腿提踵 将双脚掌放在放脚处，垫子放在大腿上方。 **第一步**：双脚跟尽量往上抬，抬脚跟时呼气。 **第二步**：慢慢放下脚跟，尽量往下压。下压时吸气。 该运动锻炼小腿肌肉	
俯卧腿弯举 双脚弯曲，将双脚跟放在脚垫下，使垫子在脚跟后方，而不是在小腿处。 **第一步**：双腿弯曲上举，让脚踝处的垫子靠近臀部。双腿弯曲上举时呼气。 **第二步**：恢复到起始位置，伸展腿部时吸气。在抬举过程中，不要抬高臀部或拱起腰部。 该运动锻炼腘绳肌腱	

表 C-2　胸部锻炼课程

上斜哑铃卧推 仰躺在一块与地面成 20° 角的长凳上，双脚平放。将哑铃放在肩膀前，手掌朝外。 **第一步**：将哑铃笔直往上推，直到双臂得到伸展。上举时呼气。双手肘稍稍弯曲。腰部应始终贴住长凳，背部挺直。 **第二步**：恢复到起始位置，双手下降时吸气。 该运动锻炼胸部、肩膀和手臂	

双杠

双手放在两根平行棒上。伸展手臂；除了需要帮助的时候外，始终保持双脚离地，不要依靠双腿来支撑身体重量。

第一步：弯曲手肘，直到肩膀与手肘在同一水平面上。身体下降时吸气。

第二步：伸展手臂恢复到起始位置。身体上升时呼气。

该运动锻炼肱三头肌、胸部和肩膀

卧推

仰躺在长凳上，双脚平放在地面上。双手握住杠铃，手掌朝外，双臂在胸前往上笔直伸展。

第一步：手肘往下弯曲至背部以下，同时杠铃下降，直到杠铃快碰到胸口时停止。下降过程中吸气。不要让杠铃下降至胸口以下。

第二步：恢复到起始位置。抬起杠铃时呼气。

变换：使用哑铃。

该运动锻炼胸部、肩膀和手臂

飞鸟式夹胸

躺在长凳上，双脚平放在地面上。双臂伸展，握住拉力器的把手，手掌向上，手肘稍稍弯曲。

第一步：双臂向上抱胸，手臂在胸前交叉，呼气。手肘应稍稍弯曲，注意不要弯曲过度。

续表

第二步：恢复到起始位置，伸展手臂时吸气。在运动过程中，保持上臂与肩膀及锁骨在同一水平线。 该运动锻炼胸部	
哑铃飞鸟 仰躺在长凳上，双脚平放在地面上。双手握住哑铃，手臂笔直向上举起，使哑铃处于胸口上方，掌心朝里。 **第一步**：两手肘稍稍弯曲，握哑铃的双手慢慢朝外放下，至胸口两侧，使双手的运动轨迹呈半圆形。哑铃应与胸口两侧平行。做该动作时吸气。 **第二步**：恢复到起始位置，举起哑铃时呼气。 该运动锻炼胸部	

表 C-3　背部锻炼课程

曲臂下拉 反握住下拉棒，两手臂伸展与肩同宽。坐在垫子上，背部挺直。 **第一步**：将下拉棒往下拉，直到触碰胸口。下拉时呼气。此过程中不要摇晃腰部。 **第二步**：恢复到起始位置，伸展手臂时吸气。 该运动锻炼背部和肱二头肌。	

下拉

双臂高举过头抓住下拉棒，手臂在两侧伸展，双臂距离同肩宽。坐在垫子上，背部保持挺直。

第一步：两手肘往身体两侧下拉，将棒往下拉，直到触碰胸口的上半部分。下拉时呼气。运动过程中不要弓腰。

第二步：恢复到起始位置，手臂伸展时吸气。

该运动锻炼背部和肱二头肌

"T"字杠划船

使用一架"T"字杠划船健身器材，双脚放在足部支撑处，身体趴在支撑垫上。双手往下伸，用上手握的方式抓住"T"字杠上的一组把手，双手距离与肩同宽。摆正位置，伸展握住"T"字杠的手臂。这是起始位置。

第一步：将"T"字杠往上拉至胸口，两手肘笔直向上拉至背后。身体贴住支撑垫不要动。拉"T"字杠时呼气。

第二步：双臂完全伸展时吸气。

该运动锻炼背部和手臂

单臂哑铃划船

将左膝和左手放在长凳上，右腿放在地板上呈伸展状。背部保持挺直。右臂笔直往下方伸展，放在右肩正下方的位置，右手握住哑铃。

续表

第一步：手肘笔直往上提，将哑铃提至肋骨处，此时手肘应在背部后方。提哑铃时呼气，不要转动身体。

第二步：恢复到起始位置。下沉哑铃时吸气。交换位置后重复上述动作。

该运动锻炼背部和肱二头肌

坐式划船

双脚抵住固定踏脚处，双膝稍稍弯曲。抓住滑轮棒拉至胸口高度，双臂伸展，背部挺直。

第一步：将棒拉至胸口中心，前臂与地面保持平行。手臂往后拉时呼气。运动过程中不要前后摇晃。

第二步：恢复到起始位置。伸展手臂时吸气。

该运动锻炼背部和手臂

背部拉伸

在一个背部拉伸长凳上，将髋骨摆在前方垫子的最前端，脚踝放在背后的垫子下方。

第一步：慢慢弯腰，头部尽量碰触地面。弯腰时背部挺直。身体下弯时吸气。

第二步：慢慢将身体上提，直到背部与地面平行。上提时呼气。

该运动锻炼腰部。

初学者请参考表 10-2 腰部锻炼

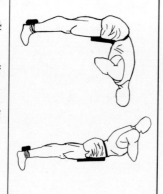

表 C-4　手臂锻炼课程

转腕哑铃弯举

如图示坐在斜板上，双手握住哑铃，双臂向下伸展，手掌朝向背部。

第一步：上举哑铃时，转动手腕，使双手在越过长凳垫子时手掌向上。将哑铃上提至肩膀的过程中，双手掌始终朝上。上提哑铃时呼气。

第二步：恢复到起始位置，在双手越过长凳垫子时重新转动手腕，使手掌朝向背面。下沉哑铃时吸气。

该运动锻炼肱二头肌

杠铃直立弯举

双脚分开站立，与肩同宽，背部挺直。反手握住杠铃，双手距离也同肩宽。双臂向下伸展，将杠铃贴近双腿。

第一步：弯曲手肘，将杠铃上举至胸。手肘和手臂紧贴身体两侧。上举杠铃时不要弓腰或摇晃杠铃。手肘不要往前摇晃。

第二步：恢复到起始位置。上举杠铃时呼气，下沉杠铃时吸气。

该运动锻炼肱二头肌

续表

三头肌下压

双手靠拢，在胸前同时抓住棒或绳子，手肘呈 75°，使前臂不与地面平行。

第一步：将绳子往下拉，直到手臂笔直，手肘始终贴近身侧。下拉时呼气。

第二步：恢复到起始位置，前臂上提时吸气。

该运动锻炼肱三头肌

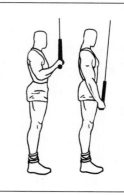

利用杠铃进行三头肌伸展

仰躺在长凳上，双脚平放在地面上，头部在长凳最前方的位置。握住杠铃使其处于头顶上方，双手间距离约为 15 厘米，手掌朝上。

第一步：将杠铃棒降至前额，弯曲手肘。下沉杠铃棒时吸气。上臂应始终保持不动。

第二步：恢复到起始位置，上举杠铃时呼气。

该运动锻炼肱三头肌

哑铃或杠铃卷腕

抓住哑铃或杠铃，手掌朝上坐在长凳边缘。双肘放在两膝之间。双手手腕悬放在长凳旁。

第一步：向上弯曲手腕，将重物向手肘方向提。该动作的轨迹应类似一个半圆。上提哑铃时呼气。该过程中前臂始终贴住长凳。

第二步：恢复到起始位置，下沉重物时吸气。

该运动锻炼屈肌

正握哑铃或杠铃弯举

手掌向下抓住哑铃或杠铃，坐在长凳的边缘。将手肘放在同侧大腿上。手腕垂悬于长凳上。

第一步：向上弯曲手腕，将重物抬至手肘处。该运动轨迹应大致呈半圆状。上举哑铃时呼气。前臂始终与长凳平行。

第二步：恢复到起始位置，下沉重量物时吸气。

该运动锻炼手腕伸张肌

表 C-5　肩膀锻炼课程

斜方肌拉力

双手握住杠铃，双手间距稍微小一些。使用曲杠效果则更好。双手的距离不应超过 15 厘米。站直，向下伸展手臂，握住的杠铃应贴近大腿上部。

第一步：始终将杠铃棒贴近身体，背部挺直，将棒往上拉，直至杠铃棒即将触碰下巴。双臂在动作做到位时应各自形成一个角度较小的"V"形。上举杠铃棒时呼气。保持手肘朝外朝上。

第二步：恢复到起始位置，下沉杠铃棒时吸气。

该运动锻炼肩膀肌肉

续表

肩膀推举

背部挺直坐在凳子上，紧贴支撑垫；双脚平放在地面上。如果可能，长凳向上倾斜 5°~10°。将哑铃举至肩膀高度，掌心朝前。手肘向外。

第一步：将哑铃上举至头顶，直到双臂得到伸展，手肘稍稍弯曲。

第二步：恢复到起始位置。上举时呼气，下沉时吸气。

该运动锻炼肩膀肌肉

回旋肌锻炼（方法 1）

左手握一个哑铃，左侧躺在长凳上。左手肘弯曲成 90°。

第一步：转动左前臂，使左手上举至身体右侧。上举时呼气。运动过程中不要转动身体。

第二步：恢复到起始位置，左前臂往下放时吸气。

换另一边重复上述动作，锻炼右肩。

该运动锻炼肩膀内侧回旋肌

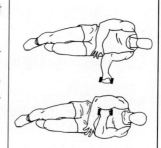

回旋肌锻炼（方法 2）

右手握一个哑铃，左侧躺在长凳上。右手肘弯曲成 90°。

第一步：转动右前臂，使右手往下运动至身体左侧。右前臂放下时吸气。运动过程中身体不要移动。

续表

第二步：转动右前臂，使右手往上移至右身侧。上举时呼气。 换一侧重复上述运动，锻炼右肩。 该运动锻炼肩膀内侧回旋肌	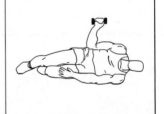

下面给出的关键点有助于你进行正确的锻炼，并能使你免犯表C-6中常见的训练错误。

（1）锻炼时要了解自己想锻炼的肌肉群是哪些，也就是说，你需要活动哪些关节来完成上举的动作。

（2）在上举重物时，将力量训练当成是为了保持平衡和姿势而做的。关注肌肉的收缩，而不要关注重物。这会让你了解肌肉的运动过程。

（3）当你开始新锻炼时，到你能完美完成动作之前，尽量选择轻型重物进行练习。

（4）缓慢地、有控制地进行锻炼。

表 C-6　常见训练误区

锻炼		常见错误	正确做法
胸部	卧推	将杠铃棒弹离肋骨处——使用冲力上举杠铃棒会伤到肋骨	将杠铃棒降至离胸口不到3厘米处，停顿一会儿，然后上举
	卧推/蝴蝶式扩胸	在上举重物时腰部和臀部抬离长凳——重物过重时，该动作对脊柱施加的压力会增加	减少上举重物的重量，腰部和臀部始终保持处于长凳上
肩部手臂	坐式侧平举，二头肌屈接	上举重物时弓背——用冲力上举会引起背部疼痛，让背部受伤	减轻上举重物的重量。背部呈自然弯曲，弯曲膝盖，胸部往外推。有控制地上举和下沉重物
背部	下拉/坐式划船/"T"字杠划船	在拉重量物时，肩膀往里收，腰部以上往前倾斜——利用身体重量而不是背部肌肉拉杠铃棒；会给脊柱施加很大压力	将肩胛骨收紧，挺胸，背部保持挺直，将杠铃棒拉至胸口处
腿部	深蹲/箭步跨/倒蹲	深蹲或弯曲膝盖超过脚尖垂直线会使脚跟上抬离开地面，当膝盖超过脚尖垂直线时，膝盖所受的压力也会变大	脚跟始终贴住地面，再进行深蹲或箭步蹲。当膝盖在脚尖正上方时停止运动

你应当注意和避免的一般训练错误包括：

（1）在关节活动的最大限度处不放开活动。这会给关节施加很大的压力。你应该尽量拉伸关节，在锻炼过程中不要限制其活动。

（2）在锻炼过程中移动双腿或弹跳。当你在上举重物并需要活动或弹跳，且该项运动并不直接包括你所锻炼的身体部位时，那么重物就会显得过重。下沉重物并通过关注自己的身体是如何移动的来检查你的活动方式是否正确；不要把关注点放在上举重物上。

（3）快速上举或下沉重物，将会导致你受伤。应慢慢将重物放回起始位置，因为这是最能够达到训练效果的部分。

词汇表

acclimation	环境适应	在面对一个新环境时，身体对该环境做出的适应
aerobic capacity	有氧能力	身体能发挥的有氧活动的最大限度
aerobic energy system	需氧能量系统	产生消耗氧元素的能量（三磷酸腺苷）的过程
anaerobic energy system	厌氧能量系统	产生不用消耗氧元素的能量（三磷酸腺苷）的过程
antioxidants	抗氧化剂	阻止身体物质氧化的化合物。比如，维生素 E 和维生素 C 之类的营养物里就含有抗氧化元素
basal metabolic rate	基础代谢率	身体在休息时（基础代谢率）需要保持生命活力的能量（千卡）的大小
body composition	身体结构	对身体的脂肪及非脂肪（肌肉、骨头等）含量大小的描述
body mass index (BMI)	体重指数	体重与身高关系的指数
Calorie	卡路里	能量计量单位，描述人体从食物中吸收的能量及通过身体活动消耗的能量

续表

carbohydrates (CHO)	碳水化合物	每克提供 4 千卡热量的一种营养元素；食物指导金字塔的食物组里的谷物、蔬菜和水果中含量最多的营养物质
carbohydrate loading	碳水化合物超量补充	耐力运动员使用的在比赛前用来增加身体肌肉的糖原储量的营养训练方法
cardiorespiratory fitness	心肺健康	心脏、肺部和血液细胞运输含氧充足的血液及排除锻炼的肌肉中废弃物质的能力；身体受到的训练越多，心肺的运作能力就越强（详见有氧能力）
cholesterol	胆固醇	身体产生的一种促进荷尔蒙（如雌激素和雄性激素）产生的物质，它是所有细胞的一部分，可通过食用动物制品获得
dehydration	脱水现象	当身体得不到充足的水分以补充因呼吸、排尿和排汗流失的水分时出现的身体水分缺失的现象
detraining	反训练	当身体的训练停止时出现的训练适应的缺失现象；该现象可以通过身体训练避免、停止或转变
electrolytes	电解质	身体内所含矿物质，能帮助保持身体水分的平衡，是神经传导和其他身体必需功能的部分，如钠元素、钾元素和氯化物等

energy balance	能量平衡	净新陈代谢平衡。人体摄入的总热量减去基础新陈代谢和身体活动消耗的总热量，其差值的平衡
ergogenic agent	营养增补剂	具有增强身体表现功能的营养补充品，包括肌酸、西洋参、咖啡因及脱氢表雄酮等。很多营养补充品都号称能够提高体能表现，但实验证明很少是有效的，并且长期服用可能会有安全隐患
ergolytic agent	功能损减剂	具有增强身体表现功能的营养品，但实际上会损减表现能力。很多产品若长期使用会对健康产生负面影响，包括酒精和尼古丁等
fat	脂肪	每克能提供 9 千卡热量的营养物质；油类和黄油中含量最高的物质就是脂肪；位于食物指导金字塔塔顶
FITT Principle	FITT 原则	决定一个人如何适应身体训练的四种训练因素的结合（频率、强度、时间和种类）
flexibility	灵活性	关节的活动范围
fluid balance	水分平衡	身体摄入的水分净含量减去呼吸、排尿和排汗流失的水分

续表

glucose	葡萄糖	提供身体所需主要能量的一种简单碳水化合物
glycogen	糖原	葡萄糖的一种储存形式，主要储存在肌肉和肝脏中
heart rate (HR)	心率	每分钟的心跳次数
kilocalorie (kcal)	千卡	能量计量单位。描述人体通过食物摄入的能量及通过身体活动消耗的能量
kilogram (kg)	千克	重量的公制计量单位
lactic acid (lactate)	乳酸	厌氧能量系统的副产品
ligament	韧带	骨头之间的连接组织
macronutrient	宏量营养素	为能量代谢提供能量的营养元素；三大宏量营养素是碳水化合物、蛋白质和脂肪
metabolism	新陈代谢	人体内进行的保持人体生命力的化学和物理反应
METs	代谢当量	规定了与休息相比，人体进行某种活动所需的能量。例如，休息需要 1 个 MET，因此，如果锻炼花费了 5 个 MET，那么就相当于花费了休息时所需能量的 5 倍

micronutrients	微量营养元素	身体所需数量较小的营养物质，能帮助身体进行新陈代谢及维持其他重要的身体功能。微量营养元素并不提供热量。微量营养元素有两类：维生素和矿物质
minerals	矿物质	微量元素的一种，包括钙元素、钠元素、钾元素等
muscle endurance	肌耐力	肌肉或肌肉群能在一段时间内持续产生小于最大力量的能力
muscle strength	肌肉力量	肌肉或肌肉群能产生的最大力量
nutritional supplement	营养补充品	在饮食之外摄入的一种能增加体内一种或一组特定营养物质的物质。一些物质可能也有助于增强身体表现
osteoporosis	骨质疏松	一种常见的骨头问题，全身性的骨质变松以致骨质变脆的病症。患有骨质疏松的人更易发生骨折现象
overhydration	过度补水	如果为了补充在繁重及长时间的锻炼中因为排汗流失的水分和电解质而摄入太多的纯水会产生身体摄入水分过多的现象，可以喝含碳水化合物电解质的饮料（如运动饮料），或当运动超过1小时时吃一点零食来避免类似情况的出现

续表

overload	超负荷训练	为了提高体能和增强身体能力，背负大于正常身体需要的重量；该超负荷训练过程应该循序渐进
overtraining syndrome	过度训练症状	当身体活动太繁重或强度太大，又没有适当的休息时，身体会出现一些症状
oxygen consumption	需氧量	身体活动强度的计量单位。最大需氧量描述的是一个人能够同时进行需氧和厌氧活动的最大活动量
physical activity	身体活动	消耗能量的肌肉的活动
physical fitness	体能	进行身体活动的能力
pounds(lbs)	磅	重量单位；2.2 磅 =1 千克
protein	蛋白质	每克提供 4 千卡的一种宏量营养素；食物指导金字塔中奶制品和肉类或肉类代替食物组中含量最大的营养元素
repetition	来回	在肌肉训练过程中，重物或阻碍物的上举和下沉算一个来回；常被缩写为 rep
set	组	不间断地进行一系列来回，一组有多少个来回视情况而定
SMART goals	SMART 目标	根据英文首字母组合而成的目标，标准包括确定的、可测量的、要求有行动的、实际可行的、有时限的

续表

specificity of training	训练的特定性	对训练的适应原则的描述。当一个活动被加入训练课程设置，训练能够在一个特定的身体活动中达到最优化的效果
target heart rate zone	目标心率范围	针对每个人的情况设定的建议心率范围，取决于年龄和体能水平，使运动者的锻炼能够保持在一个安全的强度
tendon	腱	连接肌肉和骨头的组织
Valsalva maneuver	瓦尔萨尔瓦动作	当一个人屏住呼吸时用力，这会阻碍血液流通，增加血压，可能会很危险
vitamins	维生素	微量营养元素的一种；可分为脂溶性维生素和水溶性维生素；不会提供能量，但是很多重要的功能需要靠维生素发挥作用；过量摄入维生素可能会中毒
waist-hip-ratio (WHR)	腰臀比	指腰围和臀围的比值；描述身体脂肪含量